# 힐링 중국어

# 힐링 중국어 1


| | |
|---|---|
| 초판인쇄 | 2026년 3월 20일 |
| 초판발행 | 2026년 4월 1일 |

| | |
|---|---|
| 저자 | 유성은, 김홍매, 김승현 |
| 편집 | 주민경, 최미진, 연윤영, 徐婕 |
| 펴낸이 | 엄태상 |
| 디자인 | 공소라 |
| 조판 | 이서영 |
| 콘텐츠 제작 | 김선웅, 장형진 |
| 마케팅 | 이승욱, 노원준, 조성민, 이선민, 김동우 |
| 경영기획 | 조성근, 최성훈, 김로은, 최수진, 오희연 |
| 물류 | 정종진, 윤덕현, 신승진, 구윤주 |

| | |
|---|---|
| 펴낸곳 | 시사중국어사(시사북스) |
| 주소 | 서울시 종로구 자하문로 300 시사빌딩 |
| 주문 및 교재 문의 | 1588-1582 |
| 팩스 | 0502-989-9592 |
| 홈페이지 | http://www.sisabooks.com |
| 이메일 | book_chinese@sisadream.com |
| 등록일자 | 1988년 2월 12일 |
| 등록번호 | 제300 – 2014 – 89호 |

ISBN 979-11-5720-305-5 (14720)
　　　 979-11-5720-306-2 (set)

# 머 리 말

*바쁜 일상에서 잠시 쉬어 가는 여행처럼, 중국어 학습도 우리의 마음을 따뜻하게 어루만지는 진짜 힐링의 경험이 될 수는 없을까?*

**이 작은 질문에서 이 교재는 시작되었습니다.**

우리는 공항에서의 설렘을 출발점으로 베이징의 장대한 역사, 시안 고도가 품은 깊은 숨결, 상하이의 현대적인 에너지, 항저우·쑤저우의 고요한 수향(水乡) 풍경, 장쟈졔의 장엄한 자연에 이르기까지—중국의 대표 도시들을 하나의 여행 동선으로 엮어 구성했습니다. 실제로 이 도시들을 발로 걸으며 여행자가 마주하게 되는 상황을 기록하고, 그 순간 꼭 필요한 표현들을 선별했습니다. 단순한 언어 학습을 넘어, 여행 속 순간마다 자연스럽게 중국어가 스며들고, 그 감동과 여운이 표현 하나하나에 담기도록 세심하게 구성했습니다.

이 책에서 만나는 대화와 표현들은 모두 실제 여행지에서 마주할 수 있는 순간들을 바탕으로 구성되었습니다. 각 도시가 품은 공기와 색채, 분위기가 학습 속에서 생생하게 살아 흐르도록 본문 이야기를 정교하게 엮었습니다. 페이지를 넘길 때마다 한 도시에서 다음 도시로 자연스럽게 이어지는 변화와 설렘을 느끼길 바랍니다. 그 여정 속에서 중국어는 더 이상 '배움'이 아니라, 온몸으로 체험하는 **힐링의 경험**으로 다가올 것입니다.

중국에서는 '行万里路(행만리로)'라 하여, 많이 보고 많이 걸을 수록 시야가 넓어지고 배움도 깊어 진다고 합니다. 이 교재가 여러분이 중국을 더 깊이 이해하고, 중국어라는 언어를 더 친근하게 느끼는 여정에 든든한 동반자가 되기를 바랍니다.

이 책과 함께하는 여러분의 배움과 여행이 **진정한 힐링의 순간**이 되기를 진심으로 기원합니다.

여정을 함께 걸어온 저자 일동

# 차 례

## 과별 학습 목표

매 과가 시작될 때마다 도시별 대표
여행지의 모습을 한눈에 볼 수 있습니다.
또한 해당 과의 학습 목표를 통해 어떤
내용을 배울지 미리 익혀 보세요.

## 오늘의 랜드마크

중국의 도시별 대표 여행지 코스를 1박 또는 2박으로
소개합니다. 지도에 표시된 주요 랜드마크를 구경하며
오늘의 랜드마크를 눈에 익혀 보세요.

## 여행지 둘러보기

여행을 떠나기 전 반드시 알아 두면 좋은 도시별 특징과
주요 랜드마크의 설명을 담았습니다. 중국의 도시별
대표 여행지에 대한 배경 지식을 쌓아 보세요.

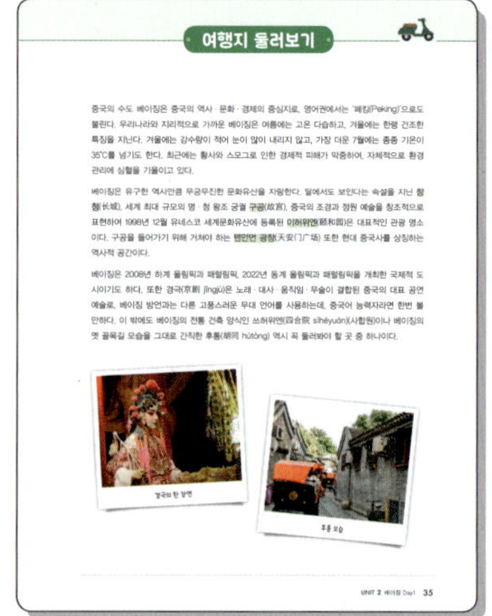

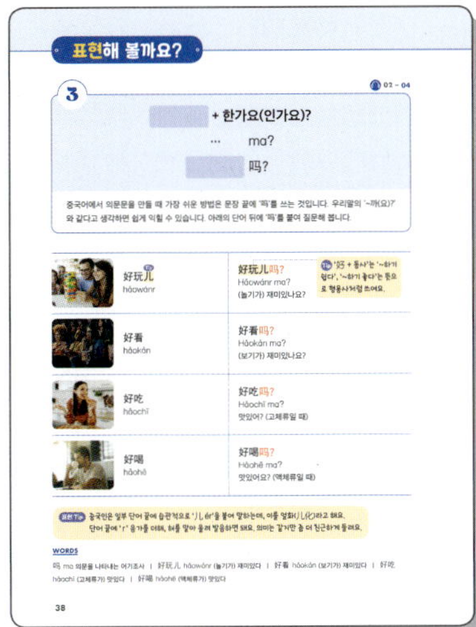

# 표현해 볼까요?

본문 학습에 앞서 주요 패턴 네 가지로 간단한 중국어 문장을 만들어 봅니다. 각 패턴에 대한 설명을 읽고, 아래 나열된 단어를 교체하며 연습해 보세요.

**Tip** 발음·어법·표현·문화 등 중국어 학습에 도움이 되는 다양한 Tip을 놓치지 마세요!

# 대화해 볼까요?

본문에는 중국 여행할 때 자주 쓰이게 될 대화를 담았습니다. 앞에서 배운 패턴 표현이 들어 있어 쉽게 익힐 수 있습니다. 중국어로 된 본문을 읽고 자신이 이해한 내용이 맞는지 우측 상단의 한국어 해석을 찾아 확인해 보세요.

# 연습해 볼까요?

간단한 연습 문제를 통해 앞에서 배운 표현을 복습해 봅니다. 정답 페이지는 우측 상단에 표시했으니, 문제 풀이 후 반드시 정답을 맞혀 보세요.

## 단어 보따리

평소 자주 쓰이는 중국어 단어를 주제별로 모아
두었습니다. 단어를 많이 알수록 다양한 표현이
나온다는 사실을 잊지 마세요.

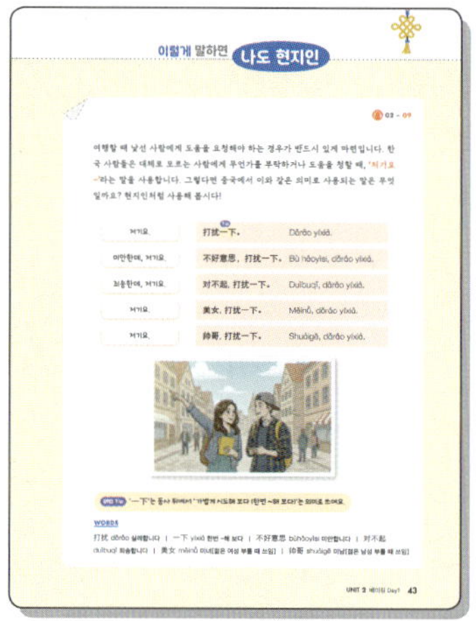

## 이렇게 말하면 나도 현지인!

현지인이 실제로 사용할 법한 생생한 표현을
모아두었습니다. 중국 여행에서 꼭 활용해
보세요!

## MP3 파일

과별로 QR 코드를 스캔하면 원어민이 직접
녹음한 MP3 파일을 들어 보실 수 있습니다.
이외에도 MP3 파일은 시사중국어사
홈페이지(www.sisabooks.com/chn)에
로그인한 후, 다운로드하실 수 있습니다.

### 알아두기

1. 교재의 인명 및 지명 등의 고유명사는 소리나는 대로 적었습니다.
   예) 北京 베이징,  杭州 항저우

2. 단, 일부 고유명사는 학습자의 이해를 돕기 위해, 한국에서 자주 쓰이는 발음도 함께 적었습니다.
   예) 东方明珠 동팡밍주(동방명주),  长城 창청(만리장성)

# 발음편 I

## 한어 汉语 *Hànyǔ*

중국어를 일컫는 '한어'는 베이징 어음을 표준음으로, 북방 지역 언어를 기본 방언으로, 현대 백화문 저작을 어법의 규범으로 삼는다. '한어'는 중화인민공화국(中华人民共和国, Zhōnghuá Rénmín Gònghéguó)의 대부분을 차지하는 '한족(汉族, Hànzú)'의 언어라는 뜻이다.

## 한자 汉字 *Hànzì*

한자는 간체와 정체로 나뉜다. 간체(简体, jiǎntǐ)는 중국에서 사용하는 한자이고, 정체(正体, zhèngtǐ)는 홍콩·마카오·타이완 등에서 사용하는 한자이다. 예를 들어, '한자'는 정체로는 '漢字', 간체로는 '汉字'이다.

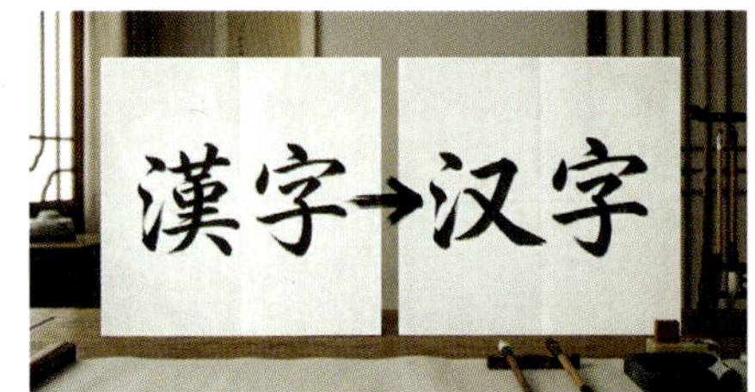

## 한어병음 汉语拼音 *Hànyǔ Pīnyīn*

한어병음은 중국어의 발음기호로 성모·운모·성조로 구성되어 있다. 한어병음은 중국어 글자가 아니라 중국어 발음을 익히기 위한 기호이다.

## 🍀 성조 声调 shēngdiào 🎧 00 – 01

중국어에는 1성~4성까지 네 개의 성조가 있다.

| | |
|---|---|
| **1성** | 높고 평평하며 길게 소리 낸다. |
| **2성** | 중간 정도 음에서 시작하여 고음으로 빠르게 올리며 소리 낸다. |
| **3성** | 중간 정도 음에서 더 낮게 내려와 다시 가볍게 올리며 소리 낸다. |
| **4성** | 높은 음에서 낮은 음으로 툭 떨어뜨리듯 소리 낸다. |

❋ 네 개의 성조 이외에 특별한 높낮이 없이 가볍고 짧게 툭 떨어트리며 소리 내는 '경성'이 있다. 경성은 별도의 표기가 없다.

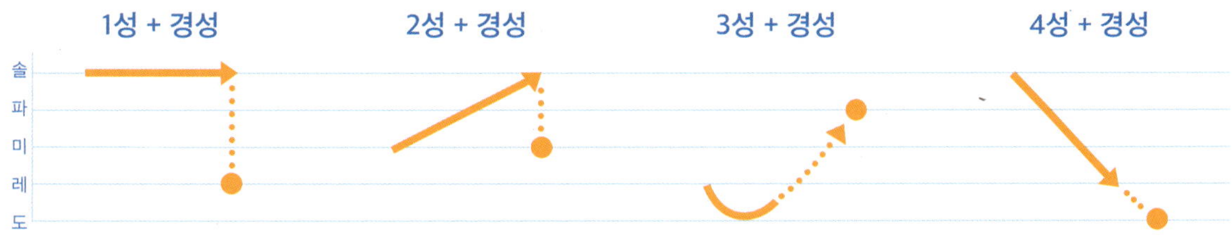

한국어의 자음에 해당하는 중국어 성모는 모두 21개가 있다. 성모만으로는 발음할 수 없기 때문에 지정된 단운모(o · e · i)와 함께 붙여 읽는다.

| | | | |
|---|---|---|---|
| 쌍순음 | 윗입술과 아랫입술 소리 | b p m | **+o** |
| 순치음 | 윗니와 아랫입술 소리 | f | |
| 설첨음 | 혀끝과 윗잇몸 소리 | d t n l | **+e** |
| 설근음 | 혀뿌리와 입천장 소리 | g k h | |
| 설면음 | 혓바닥과 입천장 소리 | j q x | |
| 설첨전음 | 혀끝과 이 소리 | z c s | **+i** |
| 설첨후음 | 혀끝과 입천장 소리 | zh ch sh r | |

◆ **운모** 韵母 yùnmǔ 🎧 **00 – 03** Tip 녹음을 듣고 천천히 따라 읽어 보세요.

가장 기본이 되는 단운모와 복운모 · 비운모 · 결합운모(i–결합, u–결합, ü–결합), 권설운모 등 36개의 운모가 있다.

| 단운모 | 복운모 | |
|---|---|---|
| | | 비운모 |
| a | ai ao | |
| | | an ang |
| o | ou | ong |
| e | ei | en eng |
| i | ia ie iao i(o)u | ian in iang ing iong |
| u | ua uo uai u(e)i | uan un uang ueng |
| ü | üe | üan ün |

Tip 권설운모 'er'은 특수 모음이에요.

## ❶ 성조  🎧 00 – 04

**Tip** 녹음을 듣고 천천히 따라 읽어 보세요. 한자나 뜻이 아닌, 오직 한어병음에 집중하여 발음을 연습해 보세요.

|  | 1성 | 2성 | 3성 | 4성 |
|---|---|---|---|---|
| 1성 | kāfēi<br>커피 | Zhōngguó<br>중국 | gāotiě<br>고속 열차 | Wēixìn<br>웨이신(위챗) |
| 2성 | míngtiān<br>내일 | Hánguó<br>한국 | píjiǔ<br>맥주 | yángròu<br>양고기 |
| 3성 | guǒzhī<br>과일 주스 | nǎichá<br>밀크티 | lǎobǎn<br>사장님 | jiǔdiàn<br>호텔 |
| 4성 | Wàitān<br>와이탄 | Yùyuán<br>위위엔(예원) | diànyǐng<br>영화 | zàijiàn<br>(헤어질 때) 안녕 |

> **Tip** 결합된 성조에 따라 경성의 높낮이가 어떻게 바뀌는지, 녹음을 듣고 천천히 따라 읽어 보세요.

| | 경성 | | | |
|---|---|---|---|---|
| 1성 | bāozi<br>(소가 들어간) 찐빵 | duōshao<br>얼마 | bīng de<br>차가운 것 | wēn de<br>따뜻한 것 |
| 2성 | péngyou<br>친구 | shénme<br>무엇, 무슨 | piányi<br>싸다, 저렴하다 | shíhou<br>시간, 때, 시각 |
| 3성 | zǎoshang<br>아침 | wǎnshang<br>저녁 | wǒmen<br>우리(들) | nǐmen<br>너네(들) |
| 4성 | àiren<br>남편 (또는 아내) | dìfang<br>장소, 곳 | piàoliang<br>아름답다, 예쁘다 | rè de<br>뜨거운 것 |

## ❸ 성모 🎧 00 - 06

**Tip** 먼저, 녹음을 듣고 각 성모를 읽어 보세요. 그리고 뒤에 운모가 올 때 어떻게 발음되는지 따라 읽어 보세요.

| b | p | m | f |
|---|---|---|---|
| 饱 bǎo<br>배부르다 | 瓶 píng<br>병을 세는 양사 | 面 miàn<br>면 | 饭 fàn<br>밥 |
| d | t | n | l |
| 点 diǎn<br>시(時) | 甜 tián<br>달다 | 你 nǐ<br>너, 당신 | 辣 là<br>맵다 |
| g | k | h | |
| 贵 guì<br>비싸다 | 看 kàn<br>보다 | 好 hǎo<br>좋다 | |
| j | q | x | |
| 近 jìn<br>가깝다 | 钱 qián<br>돈 | 咸 xián<br>짜다 | |
| z | c | s | |
| 坐 zuò<br>앉다 | 次 cì<br>번, 회, 차례 | 酸 suān<br>시다 | |
| zh | ch | sh | r |
| 汁 zhī<br>(과일 등의) 즙 | 茶 chá<br>(마시는) 차 | 是 shì<br>~이다 | 热 rè<br>덥다 |

**❹ 운모**  🎧 **00 – 07**

> **Tip** 먼저, 녹음을 듣고 각 운모를 읽어 보세요. 그리고 앞에 성모가 올 때 어떻게 발음되는지 따라 읽어 보세요.

| a | ai | ao | an |
|---|---|---|---|
| 那 nà<br>거기, 저기 | 带 dài<br>지니다, 휴대하다 | 高 gāo<br>높다 | 半 bàn<br>절반 |
| o | ou | ong | i(o)u |
| 摩 mó<br>비비다, 쓰다듬다 | 走 zǒu<br>걷다 | 龙 lóng<br>용 | 有 yǒu<br>(가지고) 있다 |
| e | ei | en | eng |
| 的 de<br>~의[조사] | 费 fèi<br>비용, 요금 | 很 hěn<br>매우, 아주 | 风 fēng<br>바람 |
| i | ie | iao | ing |
| 骑 qí<br>(자전거·말·오토바이 등을) 타다 | 也 yě<br>~도, 또한, 역시 | 叫 jiào<br>(이름을) ~라고 부르다 | 听 tīng<br>듣다 |
| u | ua | uo | uang |
| 付 fù<br>지불하다 | 刮 guā<br>(바람이) 불다 | 我 wǒ<br>나, 저 | 逛 guàng<br>구경하다, 한가롭게 거닐다 |
| ü | üe | üan | ün |
| 雨 yǔ<br>비 | 月 yuè<br>달, 월 | 元 yuán<br>위안<br>[중국의 화폐 단위] | 云 yún<br>구름 |

## 발음 테스트

**1**  녹음을 듣고 어떤 **성모**인지 고르세요.　　　　　　　　　🎧 **00 - 08**　정답 158쪽

(1)　b　　　　　　　p　　　　　　　q

(2)　d　　　　　　　t　　　　　　　b

(3)　g　　　　　　　j　　　　　　　z

(4)　g　　　　　　　z　　　　　　　zh

(5)　x　　　　　　　s　　　　　　　sh

(6)　l　　　　　　　n　　　　　　　r


**2**  녹음을 듣고 어떤 **운모**인지 고르세요.　　　　　　　🎧 **00 - 09**

(1)　ai　　　　　　　ao　　　　　　　an

(2)　ou　　　　　　　ong　　　　　　o

(3)　e　　　　　　　en　　　　　　　eng

(4)　in　　　　　　　iao　　　　　　　ing

(5)　ua　　　　　　　uag　　　　　　　uang

(6)　üe　　　　　　　üan　　　　　　　ün

**3**  녹음을 듣고 아래 음절에 알맞은 **성모**를 써 보세요.

(1)    ǎo       (2)    àn       (3)    ián

(4)    uì       (5)    ǎo       (6)    ián

(7)    ián       (8)    uò



**4**  녹음을 듣고 정확한 **발음**을 찾아보세요.

| | | | |
|---|---|---|---|
| (1) | bāozi | pāozi | bāozhi |
| (2) | piānyi | piányi | biányi |
| (3) | mǎnshang | wǎnsang | wǎnshang |
| (4) | piàoliang | pàoliang | piàolang |
| (5) | cāfēi | cāfē | kāfēi |
| (6) | Hánguó | Hánkuó | Háguó |
| (7) | nǐqá | nǎichá | nǎicá |
| (8) | diànyíng | diànyìng | diànyǐng |

## 단어 보따리

### 숫자 배우기 ①

 00 - 12

 **Tip** 중국인은 손 동작으로 숫자를 표현해요. 시장처럼 시끄러운 곳에서 손으로 얼마인지를 표현할 때가 있어요.

| | | | |
|---|---|---|---|
| 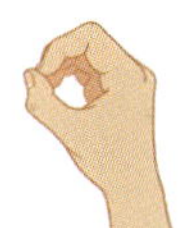 |  |  |  |
| 零 líng<br>0 | 一 yī<br>1 | 二 èr<br>2 | 三 sān<br>3 |
|  | 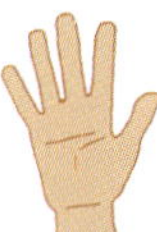 |  |  |
| 四 sì<br>4 | 五 wǔ<br>5 | 六 liù<br>6 | 七 qī<br>7 |
|  |  |  | |
| 八 bā<br>8 | 九 jiǔ<br>9 | 十 shí<br>10 | |

# 1 공항

机场 jīchǎng

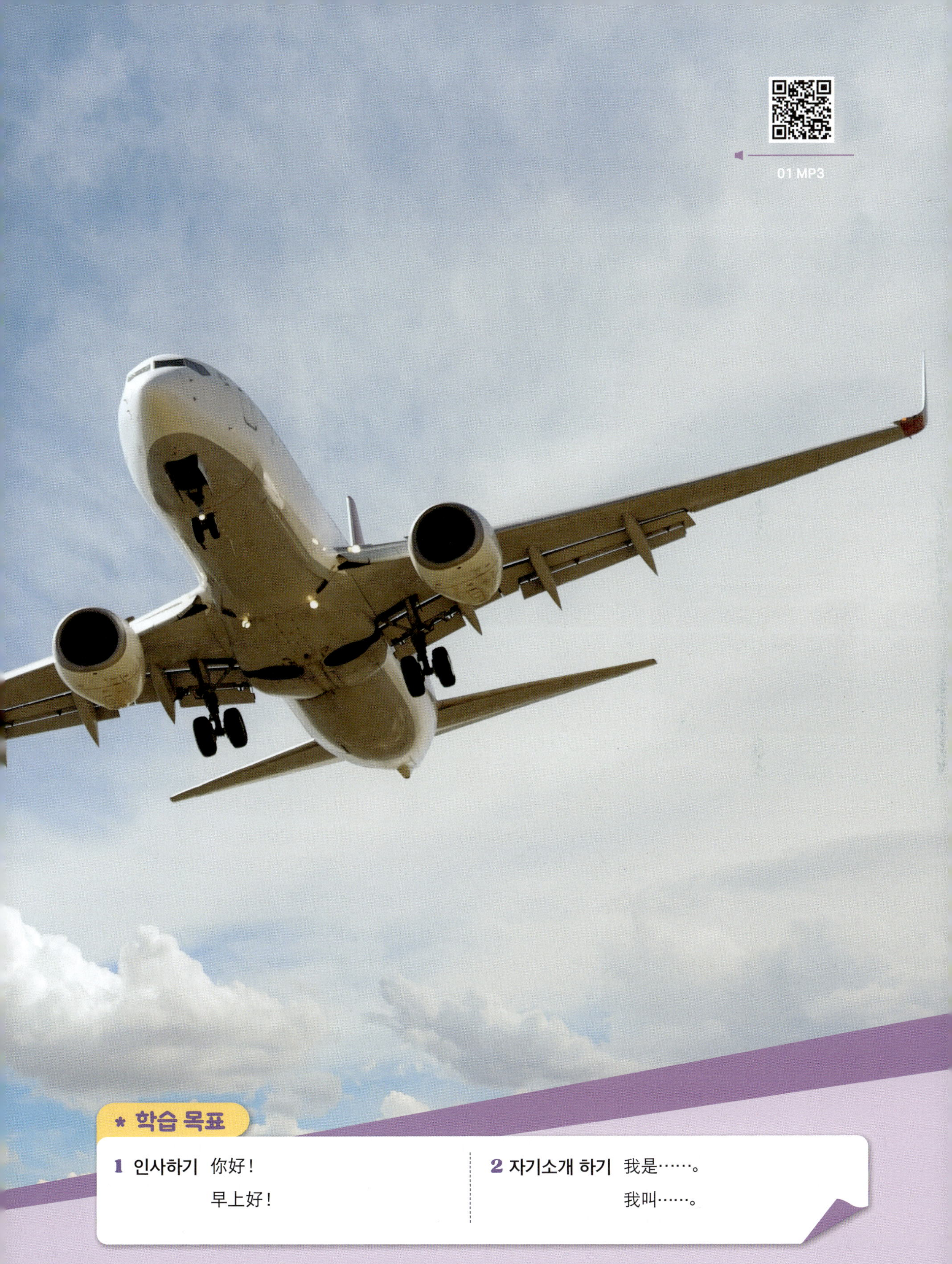

01 MP3

## 오늘의 랜드마크

# 공항에서 만나요!

自助值机  zìzhù zhíjī
셀프 체크인 (기계)

手机漫游  shǒujī mànyóu
휴대폰 로밍

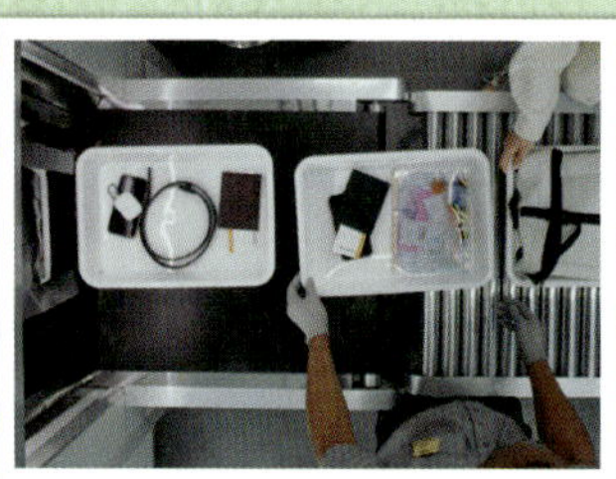

机场安全检查
jīchǎng ānquán jiǎnchá
공항 안전 검사

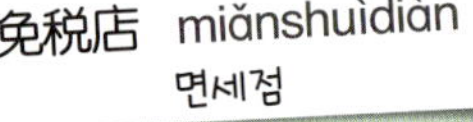

免税店  miǎnshuìdiàn
면세점

免税品提货点
miǎnshuìpǐn tíhuòdiǎn
면세품 인도장

登机口  dēngjīkǒu
탑승게이트

Tip 처음이라 발음이 어려운 건 당연해요! 천천히 녹음을 따라 읽으며 익혀 보세요.

## 인천국제공항

仁川国际机场 Rénchuān Guójì Jīchǎng

한국 최대의 국제공항이자 고객 서비스 부분에서 세계 최상급 수준의 공항이다. 인천국제공항은 세계공항서비스평가(ASQ)에서 2005년부터 2016년까지 12년 연속 1위를 기록했다. 최근 2023년부터 다시 공식 평가에 참여한 이래로, 2년 연속 올해의 공항상을 수상했다.

## 베이징 서우두국제공항

北京首都国际机场 Běijīng Shǒudū Guójì Jīchǎng

중국의 수도 베이징시 차오양구에 위치한 국제 공항이다. 중국에서 가장 크고 교통량도 가장 많은 공항으로, 2010년 이후 이용객 수 기준, 미국의 하츠필드 잭슨애틀랜타국제공항(ATL)에 이어 전 세계 2위를 기록했다.

## 상하이 푸동국제공항

上海浦东国际机场 Shànghǎi Pǔdōng Guójì Jīchǎng

상하이 푸동국제공항은 베이징 서우두국제공항 및 홍콩 츠례자오(赤鱲角 Chìlièjiǎo)(첵랍콕)국제공항과 더불어 중국에서 가장 많이 이용되는 3대 공항으로 꼽힌다. 시내 중심부에서 동쪽으로 35㎞가량 떨어진 푸동 지역에 있으며 상하이 홍차오(虹桥 Hóngqiáo) 공항과는 40㎞ 거리에 있다. 자국과 외국의 60개 항공사가 푸동국제공항을 이용하며 60여 개의 국내 노선과 90여 개의 해외 노선이 있다.

## 1

🎧 01 – 02

인사하려는 대상에 '好'를 붙여서 인사해 봅니다.

| | | |
|---|---|---|
| | 你<br>nǐ | 你好!<br>Nǐ hǎo!<br>안녕하세요! |
| | 您<br>nín | 您好!<br>Nín hǎo!<br>안녕하십니까! |
| | 你们 <sup>Tip</sup><br>nǐmen | 你们好!<br>Nǐmen hǎo!<br>여러분 안녕하세요! |
| | 导游<br>dǎoyóu | 导游好!<br>Dǎoyóu hǎo!<br>가이드님, 안녕하세요! |

**어법 Tip** '们'을 붙이면 복수(여러 명)를 나타내요.

### WORDS

好 hǎo 좋다 ｜ 你 nǐ 너 ｜ 您 nín 당신['你'를 높여 부르는 말] ｜ 你们 nǐmen 너희들, 당신들 ｜ 导游 dǎoyóu 가이드, 관광 안내원

## 2

　 + 안녕하세요!

...　hǎo!

　好!

시간을 나타내는 말에 '好'를 붙여서 해당 시간에 인사해 봅니다.

---

| | |
|---|---|
| 早上<br>zǎoshang | 早上好!<br>Zǎoshang hǎo!<br>좋은 아침입니다! (아침 인사) |
| 上午<br>shàngwǔ | 上午好!<br>Shàngwǔ hǎo!<br>안녕하세요! (오전 인사) |
| 下午<br>xiàwǔ | 下午好!<br>Xiàwǔ hǎo!<br>안녕하세요! (오후 인사) |
| **Tip**<br>晚上<br>wǎnshang | 晚上好!<br>Wǎnshang hǎo!<br>안녕하세요! (저녁 인사) |

---

**표현 Tip** 자기 전 '굿나잇' 인사는 평안할 '안(安)'을 써서 '晚安 wǎn'ān'이라고 해요.

### WORDS

早上 zǎoshang 아침 ｜ 上午 shàngwǔ 오전 ｜ 下午 xiàwǔ 오후 ｜ 晚上 wǎnshang 저녁

**3**  🎧 01 - 04

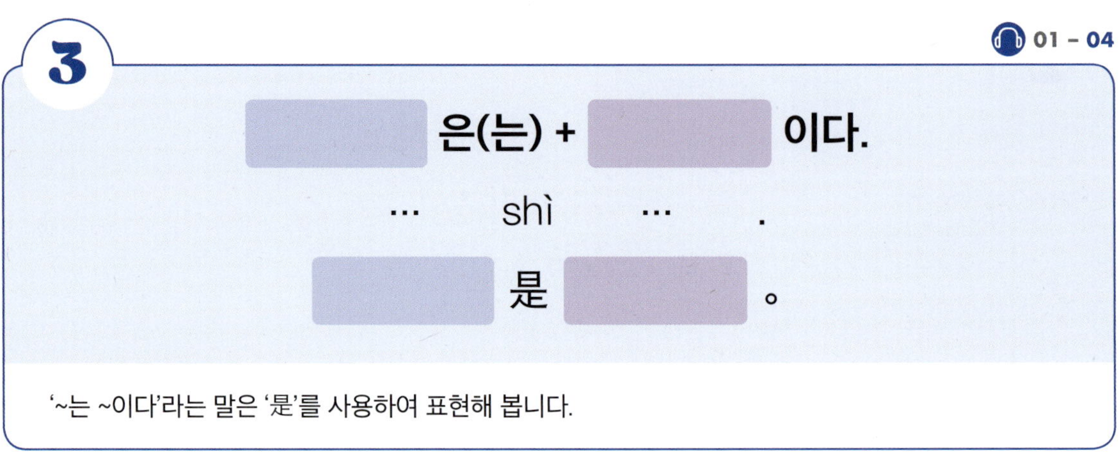

___은(는) + ___이다.
… shì … .
___ 是 ___ 。

'~는 ~이다'라는 말은 '是'를 사용하여 표현해 봅니다.

| | |
|---|---|
| 导游<br>dǎoyóu | 我是导游。<br>Wǒ shì dǎoyóu.<br>저는 가이드입니다. |
| 韩国人<br>Hánguórén | 我是韩国人。<br>Wǒ shì Hánguórén.<br>나는 한국인이에요. |
| 我爱人<br>wǒ àiren | 这是我爱人。<br>Zhè shì wǒ àiren.<br>여기는 저의 아내 (또는 남편)입니다. |
| 我朋友<br>wǒ péngyou | 这是我朋友。<br>Zhè shì wǒ péngyou.<br>이쪽은 제 친구예요. |

**WORDS**

是 shì ~이다 ｜ 我 wǒ 나 ｜ 韩国人 Hánguórén 한국인 ｜ 爱人 àiren 아내 (또는 남편) ｜ 这 zhè 이, 이것, 이분 ｜
朋友 péngyou 친구

## 4

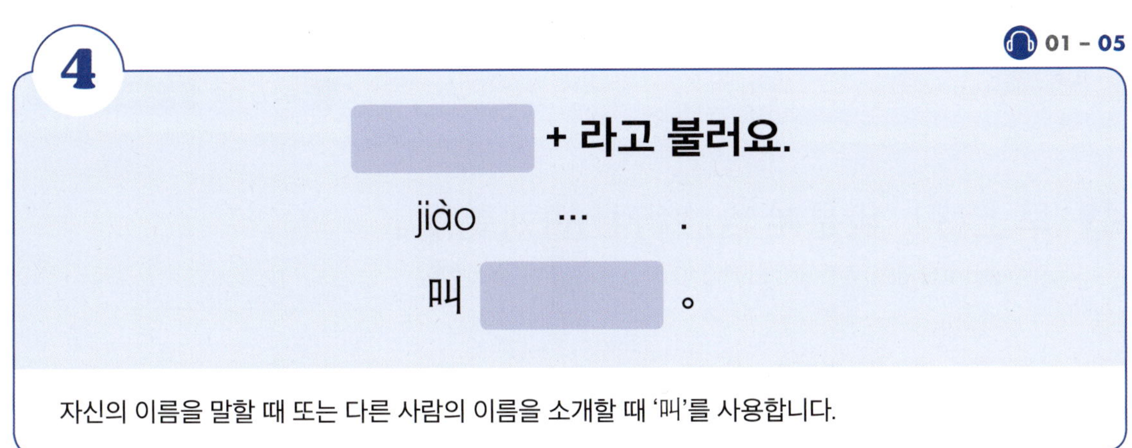

______ + 라고 불러요.

jiào ⋯ .

叫 ______ 。

자신의 이름을 말할 때 또는 다른 사람의 이름을 소개할 때 '叫'를 사용합니다.

| | | |
|---|---|---|
| | 刘美丽<br>Liú Měilì | 我**叫**刘美丽。<br>Wǒ jiào Liú Měilì.<br>저는 유미려라고 해요. |
| | 李小龙<br>Lǐ Xiǎolóng | 我**叫**李小龙。<br>Wǒ jiào Lǐ Xiǎolóng.<br>나는 이소룡입니다. |
| | 金大成<br>Jīn Dàchéng | 他**叫**金大成。<br>Tā jiào Jīn Dàchéng.<br>그는 김대성이라고 합니다. |
| | 朴秀美<br>Piáo Xiùměi | 她**叫**朴秀美。<br>Tā jiào Piáo Xiùměi.<br>그녀는 박수미예요. |

## WORDS

叫 jiào (이름을) ~라고 하다(부르다)  |  他 tā 그, 그 사람  |  她 tā 그녀, 그 여자

🎧 01 – 06　한국어 해석 158쪽

**A**　早上好！我是哈哈旅行社①的刘美丽。
Zǎoshang hǎo! Wǒ shì Hāhā lǚxíngshè de Liú Měilì.

**B**　你好！我叫李小龙。
Nǐ hǎo! Wǒ jiào Lǐ Xiǎolóng.

**C**　导游好！我叫金大成。这是我爱人。
Dǎoyóu hǎo! Wǒ jiào Jīn Dàchéng. Zhè shì wǒ àiren.

**D**　你们好！我叫朴秀美。②请多多关照！
Nǐmen hǎo! Wǒ jiào Piáo Xiùměi. Qǐng duōduō guānzhào!

---

① **어법 Tip**　구조조사 '的 de(~의)'는 뒤에 오는 명사를 꾸며 줘요.

② **표현 Tip**　'请多多关照! (잘 부탁드립니다!)'는 자기소개 할 때 마지막 말로 잘 쓰여요.

**WORDS**

哈哈 hāhā 하하[웃는 소리를 나타내는 의성어] ｜ 旅行社 lǚxíngshè 여행사 ｜ 的 de ~의 ｜ 请 qǐng 부탁하다, 요청하다 ｜
多 duō 많다 ｜ 关照 guānzhào 돌보다

# 연습해 볼까요?

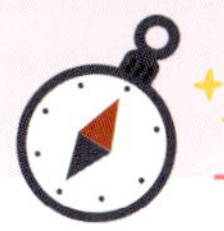

**1** 녹음을 듣고 빈칸에 들어갈 알맞은 단어를 고르세요. 01 - 07 정답 158쪽

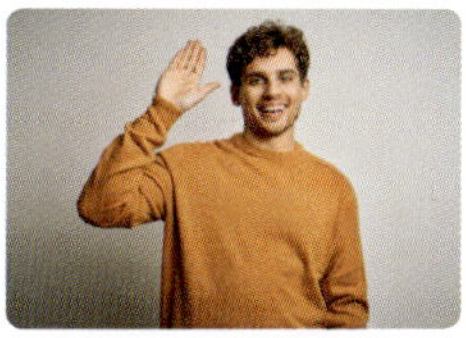

你

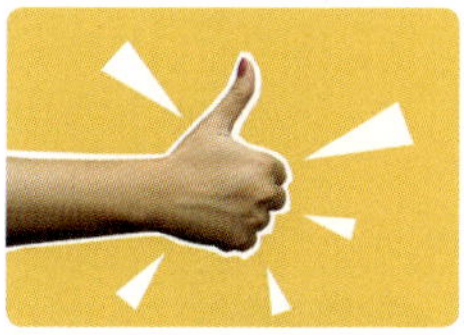

好

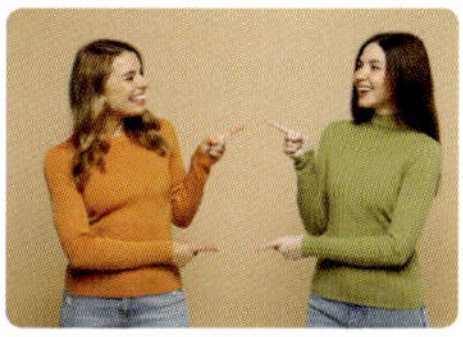

我朋友

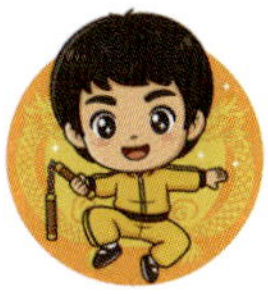

李小龙

(1) ______ 好!

(2) 我叫 ______ 。

(3) 早上 ______ !

(4) 这是 ______ 。

**2** 주어진 중국어 표현을 알맞게 연결하여 문장을 완성하세요.

(1) 这是 •　　　　• a 我爱人。

(2) 他叫 •　　　　• b 好 !

(3) 你们 •　　　　• c 金大成。

**3** 다음을 올바르게 배열하여 문장을 완성하세요.

(1) 저는 가이드입니다.

我 / 导游 / 是 → ______

(2) 그녀는 박수미예요.

她 / 朴秀美 / 叫 → ______

(3) 잘 부탁드립니다!

请 / 关照 / 多多 → ______

## 공항 시설

### 自动取款机
**zìdòng qǔkuǎnjī**

자동입출금기(ATM)

### 换钱
**huànqián**

환전(하다)

### 退税
**tuìshuì**

텍스프리

### 寄存
**jìcún**

보관(하다)

### Wifi租赁
**wifi zūlìn**

와이파이 대여

### 漫游
**mànyóu**

로밍(하다)

### 租车
**zūchē**

렌터카

### 服务中心
**fúwù zhōngxīn**

고객센터

### 药店
**yàodiàn**

약국

### 充电
**chōngdiàn**

충전(하다)

### 便利店
**biànlìdiàn**

편의점

### 洗手间
**xǐshǒujiān**

화장실

🎧 01 - 09

단체 여행을 떠날 때 공항에서 가이드나 함께 여행하는 사람들을 처음 만나면 보통 **'잘 부탁드립니다!'**라고 인사합니다. 이 말을 중국어로는 어떻게 표현할 수 있을까요? 자연스럽게 입에서 나올 수 있도록 함께 연습해 봅시다!

| 잘 부탁드립니다! | 请多多关照！ Qǐng duōduō guānzhào! |
| | 请多多指教！ Qǐng duōduō zhǐjiào! |

이 외에도 중국 공항에 도착하면 자주 듣게 되거나 볼 수 있는 표현이 하나 더 있습니다. 바로 **'신분증을 보여 주세요.'**라는 말입니다. 여행할 때 알아 두면 훨씬 편리하겠죠? 이 표현도 함께 연습해 보세요.

| 신분증을 보여 주세요. | 请出示证件。 Qǐng chūshì zhèngjiàn. |
| | 请出示您的证件。 Qǐng chūshì nín de zhèngjiàn. |

### WORDS

指教 zhǐjiào 가르치다 ｜ 出示 chūshì 제시하다 ｜ 证件 zhèngjiàn 신분증

2
베이징 Day1
北京 Běijīng

## ✱ 학습 목표

**1** 주술목 구조로 표현하기  我去……。

**2** 질문하기  我们……去哪儿? / ……吗?

**3** 정도 표현하기 ①  很 / 挺……的 / 非常 / 特别

# 오늘의 랜드마크

## 베이징 여행 2박 코스

**📍 1일차** 창청 – 이허위엔 – 톈안먼 광창 – 구공

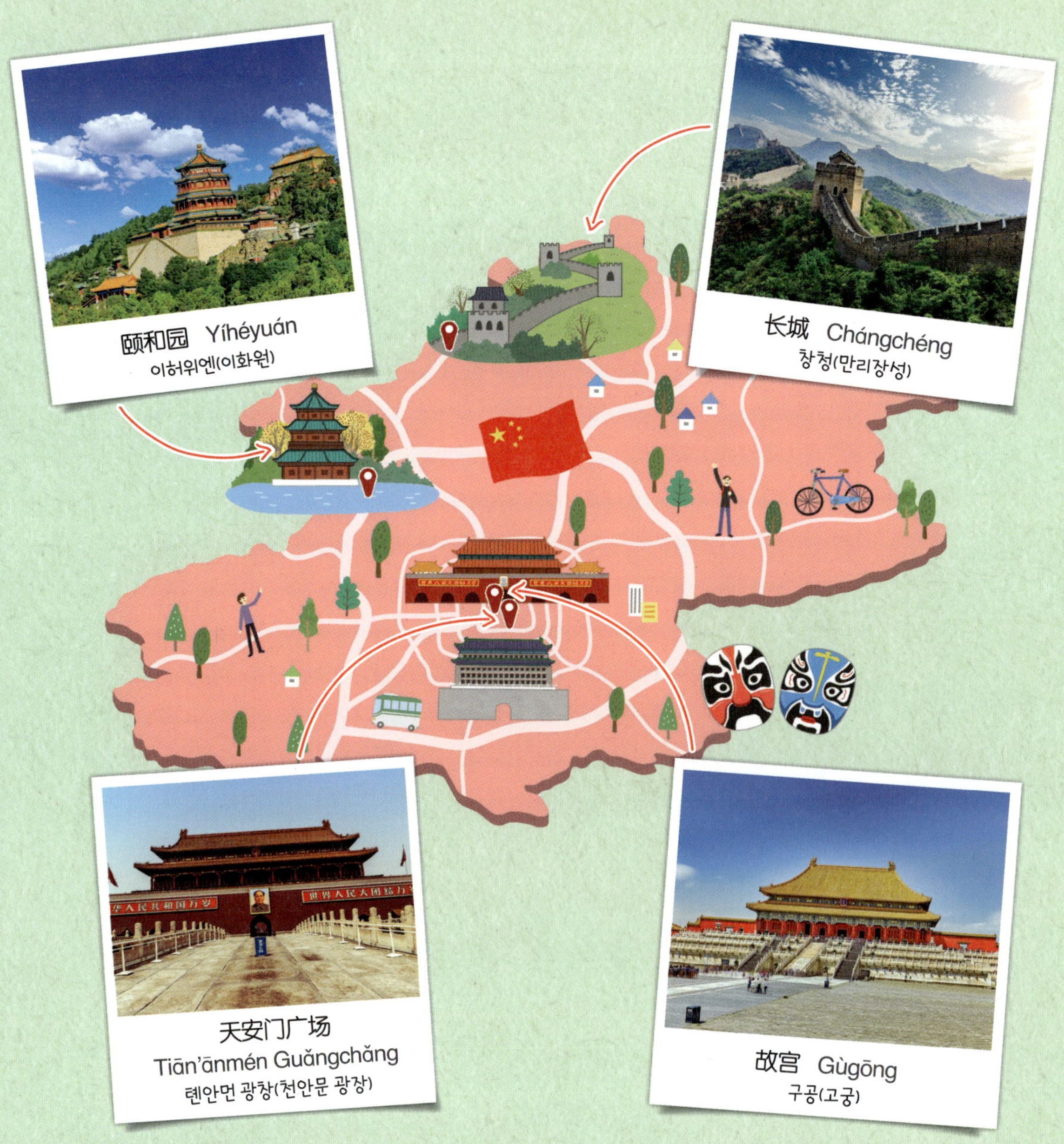

중국의 수도 베이징은 중국의 역사·문화·경제의 중심지로, 영어권에서는 '페킹(Peking)'으로도 불린다. 우리나라와 지리적으로 가까운 베이징은 여름에는 고온 다습하고, 겨울에는 한랭 건조한 특징을 지닌다. 겨울에는 강수량이 적어 눈이 많이 내리지 않고, 가장 더운 7월에는 종종 기온이 35℃를 넘기도 한다. 최근에는 황사와 스모그로 인한 경제적 피해가 막중하여, 자체적으로 환경 관리에 심혈을 기울이고 있다.

베이징은 유구한 역사만큼 무궁무진한 문화유산을 자랑한다. 달에서도 보인다는 속설을 지닌 창청(长城), 세계 최대 규모의 명·청 왕조 궁궐 구공(故宫), 중국의 조경과 정원 예술을 창조적으로 표현하여 1998년 12월 유네스코 세계문화유산에 등록된 이허위엔(颐和园)은 대표적인 관광 명소이다. 구공을 들어가기 위해 거쳐야 하는 톈안먼 광창(天安门广场) 또한 현대 중국사를 상징하는 역사적 공간이다.

베이징은 2008년 하계 올림픽과 패럴림픽, 2022년 동계 올림픽과 패럴림픽을 개최한 국제적 도시이기도 하다. 또한 경극(京剧 jīngjù)은 노래·대사·움직임·무술이 결합된 중국의 대표 공연 예술로, 베이징 방언과는 다른 고풍스러운 무대 언어를 사용하는데, 중국어 능력자라면 한번 볼 만하다. 이 밖에도 베이징의 전통 건축 양식인 쓰허위엔(四合院 sìhéyuàn)(사합원)이나 베이징의 옛 골목길 모습을 그대로 간직한 후통(胡同 hútòng) 역시 꼭 둘러봐야 할 곳 중 하나이다.

경극의 한 장면

후통 모습

**1**　🎧 02 - 02

＋ 갑니다.

Wǒ qù ⋯ .

我去 　 。

중국어의 기본 구조는 '주어 + 동사 + 목적어' 순으로 씁니다. 동사 '去'와 다양한 장소 명사를 목적어 자리에 넣어 표현해 봅니다.

**颐和园**
Yíhéyuán

我去颐和园。
Wǒ qù Yíhéyuán.
나는 이허위엔에 갑니다.

**天安门广场**
Tiān'ānmén Guǎngchǎng

我去天安门广场。
Wǒ qù Tiān'ānmén Guǎngchǎng.
나는 톈안먼 광창에 가요.

**故宫**
Gùgōng

我去故宫。
Wǒ qù Gùgōng.
저는 구공에 갑니다.

**长城**
Chángchéng

我去长城。
Wǒ qù Chángchéng.
나는 창청에 간다.

> **문화 Tip** 우리에게 익숙한 단어인 '자금성'은 중국어로 '紫禁城 Zǐjìnchéng'이라고 해요. 지금은 구공(故宫)으로 더 자주 불려요.

## WORDS

去 qù 가다 ǀ 颐和园 Yíhéyuán 이허위엔(이화원) ǀ 天安门广场 Tiān'ānmén Guǎngchǎng 톈안먼 광창(천안문 광장) ǀ
故宫 Gùgōng 구공(고궁) ǀ 长城 Chángchéng 창청(만리장성)

## 2

**우리 + ______ (에)는 + 어디에 가나요?**

Wǒmen　…　qù nǎr?

我们 ______ 去哪儿?

시간을 나타내는 말을 넣어 해당 시간에 어디(哪儿)를 가는지 질문하고자 할 때, 시간을 나타내는 말을 동사서술어구 앞에 넣어 말하면 됩니다. 해당 위치에 시간을 나타내는 말을 넣어 연습해 봅니다.

---

**今天**
jīntiān

我们**今天**去哪儿?
Wǒmen jīntiān qù nǎr?
우리 오늘은 어디에 가요?

---

**明天**
míngtiān

我们**明天**去哪儿?
Wǒmen míngtiān qù nǎr?
우리 내일은 어디에 갑니까?

---

**上午**
shàngwǔ

我们**上午**去哪儿?
Wǒmen shàngwǔ qù nǎr?
우리 오전에는 어디 가?

---

**下午**
xiàwǔ

我们**下午**去哪儿?
Wǒmen xiàwǔ qù nǎr?
우리 오후에는 어디 가요?

---

### WORDS

我们 wǒmen 우리(들)　|　哪儿 nǎr 어디, 어느 곳　|　今天 jīntiān 오늘　|　明天 míngtiān 내일

 02 – 04

**3**

■■■■■ + 한가요(인가요)?

…  ma?

■■■■ 吗?

중국어에서 의문문을 만들 때 가장 쉬운 방법은 문장 끝에 '吗'를 쓰는 것입니다. 우리말의 '~까(요)?' 와 같다고 생각하면 쉽게 익힐 수 있습니다. 아래의 단어 뒤에 '吗'를 붙여 질문해 봅니다.

---

好玩儿 **Tip**
hǎowánr

好玩儿**吗?**
Hǎowánr ma?
(놀기가) 재미있나요?

**Tip** '好 + 동사'는 '~하기 쉽다', '~하기 좋다'는 뜻으로 형용사처럼 쓰여요.

---

好看
hǎokàn

好看**吗?**
Hǎokàn ma?
(보기가) 재미있나요?

---

好吃
hǎochī

好吃**吗?**
Hǎochī ma?
맛있어? (고체류일 때)

---

好喝
hǎohē

好喝**吗?**
Hǎohē ma?
맛있어요? (액체류일 때)

---

**표현 Tip** 중국인은 일부 단어 끝에 습관적으로 '儿 ér'을 붙여 말하는데, 이를 얼화(儿化)라고 해요. 단어 끝에 'r' 음가를 더해, 혀를 말아 올려 발음하면 돼요. 의미는 같지만 좀 더 친근하게 들려요.

## WORDS

吗 ma 의문을 나타내는 어기조사  |  好玩儿 hǎowánr (놀기가) 재미있다  |  好看 hǎokàn (보기가) 재미있다  |  好吃 hǎochī (고체류가) 맛있다  |  好喝 hǎohē (액체류가) 맛있다

**4**

술어 앞에서 정도를 나타내는 말(매우 · 아주 · 대단히 등)을 정도부사라고 합니다. 정도부사는 상태를 나타내는 말(형용사)의 앞에 위치합니다. 우리말과 어순이 같습니다. 아래 정도부사를 위치에 맞게 교체해 보면서 연습해 봅니다.

| | | |
|---|---|---|
| | 很<br>hěn | **Tip** 很好玩儿。<br>Hěn hǎowánr.<br>(놀기가) 재미있어요. |
| | 挺⋯⋯(的)<br>tǐng … (de) | 挺好玩儿(的)。<br>Tǐng hǎowánr (de).<br>(놀기가) 아주 재미있어요. |
| | 非常<br>fēicháng | 非常好玩儿。<br>Fēicháng hǎowánr.<br>(놀기가) 매우 재미있어요. |
| | 特别<br>tèbié | 特别好玩儿。<br>Tèbié hǎowánr.<br>(놀기가) 굉장히 재미있어. |

**어법 Tip** 중국어는 한국어와 달리 형용사 앞에 습관적으로 정도부사를 넣어 줘요.
'很'은 '매우'라는 뜻을 가지고 있지만, 실제로는 그 정도가 크지 않아요.

**WORDS**

很 hěn 매우 | 挺⋯⋯(的) tǐng … (de) 꽤, 아주 | 非常 fēicháng 매우, 대단히 | 特别 tèbié 특별히, 굉장히

🎧 02 – 06　한국어 해석 158쪽

**A** 我们今天去哪儿？
Wǒmen jīntiān qù nǎr?

**B** 上午去故宫。
Shàngwǔ qù Gùgōng.

**A** 下午我们去哪儿？
Xiàwǔ wǒmen qù nǎr?

**B** 下午我们去王府井。
Xiàwǔ wǒmen qù Wángfǔjǐng.

**A** 王府井好玩儿吗？
Wángfǔjǐng hǎowánr ma?

**B** 特别好玩儿。
Tèbié hǎowánr.

**WORDS**

王府井 Wángfǔjǐng 왕푸징[한국의 명동 같은 곳으로, 다양한 먹거리가 있는 곳]

**1** 녹음을 듣고 빈칸에 들어갈 알맞은 단어를 고르세요. 🎧 02 - 07 정답 158쪽

| 今天 | 故宫 | 非常 | 好玩儿 |

(1) A: 我们 ______ 去哪儿?
　　B: 上午去 ______ 。

(2) A: 王府井 ______ 吗?
　　B: ______ 好玩儿。

**2** 주어진 중국어 표현을 알맞게 연결하여 대화를 완성하세요.

(1) 下午你去哪儿?　•　　　　•ａ 下午我去王府井。

(2) 王府井好玩儿吗?　•　　　　•ｂ 上午去故宫。

(3) 我们上午去哪儿?　•　　　　•ｃ 特别好玩儿。

**3** 다음을 올바르게 배열하여 문장을 완성하세요.

(1) 나는 톈안먼 광창에 갑니다.

天安门广场 / 我 / 去

→ __________________

(2) 우리 내일 어디가?

我们 / 去 / 明天 / 哪儿

→ __________________

(3) (놀기가) 아주 재미있어요.

挺 / 的 / 好玩儿

→ __________________

## 교통수단

**飞机**
fēijī
비행기

**高铁**
gāotiě
고속철도

**火车**
huǒchē
기차

**船**
chuán
배

**机场大巴**
jīchǎng dàbā
공항버스

**出租车**
chūzūchē
택시

**地铁**
dìtiě
지하철

**公交车**
gōngjiāochē
버스

**摩托车**
mótuōchē
오토바이

**自行车**
zìxíngchē
자전거

**电梯**
diàntī
엘리베이터

**扶梯**
fútī
에스컬레이터

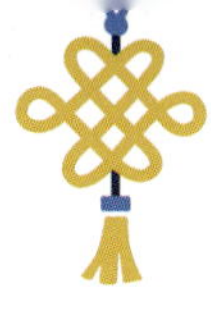

🎧 02 - 09

여행할 때 낯선 사람에게 도움을 요청해야 하는 경우가 반드시 있게 마련입니다. 한국 사람들은 대체로 모르는 사람에게 무언가를 부탁하거나 도움을 청할 때, '저기요~'라는 말을 사용합니다. 그렇다면 중국에서 이와 같은 의미로 사용되는 말은 무엇일까요? 현지인처럼 사용해 봅시다!

| 저기요. | 打扰一下。 (Tip) | Dǎrǎo yíxià. |
| 미안한데, 저기요. | 不好意思，打扰一下。 | Bù hǎoyìsi, dǎrǎo yíxià. |
| 죄송한데, 저기요. | 对不起, 打扰一下。 | Duìbuqǐ, dǎrǎo yíxià. |
| 저기요. | 美女, 打扰一下。 | Měinǚ, dǎrǎo yíxià. |
| 저기요. | 帅哥, 打扰一下。 | Shuàigē, dǎrǎo yíxià. |

어법 Tip '一下'는 동사 뒤에서 '가볍게 시도해 보다 (한번 ~해 보다)'는 의미로 쓰여요.

## WORDS

打扰 dǎrǎo 실례합니다 ｜ 一下 yíxià 한번 ~해 보다 ｜ 不好意思 bùhǎoyìsi 미안합니다 ｜ 对不起 duìbuqǐ 죄송합니다 ｜ 美女 měinǚ 미녀[젊은 여성 부를 때 쓰임] ｜ 帅哥 shuàigē 미남[젊은 남성 부를 때 쓰임]

3
베이징 Day2
北京 Běijīng

**✱ 학습 목표**

**1** 먹을 것 묻고 대답하기  我吃……。 / 我们……吃什么?

**2** 정반의문문으로 묻기  ……不……?

**3** 정도 표현하기 ②  不 / 有点儿 / 很 / 太……了

## 오늘의 랜드마크

# 베이징 여행 2박 코스

📍 **2일차** 구베이 쉐이쩐 – 쳰먼 – 허우하이 – 왕푸징

后海　Hòuhǎi
허우하이(후해)

古北水镇　Gǔběi Shuǐzhèn
구베이 쉐이쩐(고북수진)

前门　Qiánmén
쳰먼(전문)

王府井　Wángfǔjǐng
왕푸징

구베이 쉐이쩐의 야경 모습

구베이 쉐이쩐(古北水镇)은 한국의 민속촌처럼 중국의 고전 건축 양식을 구현한 인조 마을이다. 베이징 시내에서 차로 약 2시간 걸린다. 이곳에서는 술을 빚거나 천을 염색하는 등 중국의 전통문화를 직접 체험할 수 있는 다양한 프로그램이 있다. 특히 해가 지면 아름다운 야경과 함께 분수쇼와 드론쇼가 펼쳐지니, 하루 시간을 내어 여유롭게 보내기 좋다.

왕푸징(王府井)은 다양하고 맛있는 야식으로 유명하다. 대표적인 베이징 요리인 '베이징 카오야(北京烤鸭 Běijīng kǎoyā)'와 '라오 베이징 자쟝미엔(老北京炸酱面 lǎo Běijīng zhájiàngmiàn)'을 먹어 봐도 좋다. 1분에 300그릇씩 팔린다는 라오 베이징 자쟝미엔은 15가지 채소와 면 위로 짭짤한 장을 섞어 비벼 먹는 음식으로, 꼭 한 번은 먹어 보는 것을 추천한다.

라오 베이징 자쟝미엔

쳰먼이 보이는 쳰먼 따제 입구

쳰먼 따제(前门大街 Qiánmén Dàjiē)는 중국의 전통과 현대가 함께 어우러진 곳으로, 각종 맛집과 카페, 쇼핑 거리로 유명하다. 휘황찬란한 카페의 불빛들이 밤 호숫가로 쏟아지는 허우하이(后海)는 낭만을 즐기려는 사람들에게는 필수 코스이다. 날씨가 좋으면 버스킹을 하는 사람들을 구경해 보자.

🎧 03 – 02

**1**

나는 ▢▢ 을(를) + 먹습니다.

Wǒ chī … .

我吃 ▢▢ 。

중국어는 목적어 성분이 동사 성분 뒤에 위치합니다. 동사 '吃'와 다양한 음식 명사를 목적어 자리에 넣어 표현해 봅니다.

油条
yóutiáo

我吃油条。
Wǒ chī yóutiáo.
나는 여우티아오를 먹어요.

炸酱面
zhájiàngmiàn

我吃炸酱面。
Wǒ chī zhájiàngmiàn.
저는 자쟝미엔을 먹습니다.

北京烤鸭
Běijīng kǎoyā

我吃北京烤鸭。
Wǒ chī Běijīng kǎoyā.
나는 베이징 카오야를 먹어.

糖葫芦
tánghúlu

我吃糖葫芦。
Wǒ chī tánghúlu.
저는 탕후루를 먹어요.

**WORDS**

吃 chī 먹다 | 油条 yóutiáo 여우티아오[기름에 튀긴 꽈배기 모양의 밀가루 반죽] | 炸酱面 zhájiàngmiàn 자쟝미엔 |
北京烤鸭 Běijīng kǎoyā 베이징 카오야(북경 오리구이) | 糖葫芦 tánghúlu 탕후루

## 2

우리 + ▢ 으로/에 + 무엇을 먹나요?

Wǒmen   …   chī shénme?

我们 ▢ 吃什么?

아침 · 점심 · 저녁 식사로 무슨 음식을 먹을 것인지 '什么'를 사용하여 물어볼 수 있습니다. 해당 위치에 아래 단어들을 넣어 연습해 봅니다.

| | | |
|---|---|---|
|  | 早饭<br>zǎofàn | **我们早饭吃什么?**<br>Wǒmen zǎofàn chī shénme?<br>우리 아침에 뭐 먹어? |
|  | 午饭<br>wǔfàn | **我们午饭吃什么?**<br>Wǒmen wǔfàn chī shénme?<br>우리 점심으로 무엇을 먹나요? |
|  | 晚饭<br>wǎnfàn | **我们晚饭吃什么?**<br>Wǒmen wǎnfàn chī shénme?<br>우리 저녁에는 무엇을 먹나요? |
|  | 夜宵<br>yèxiāo | **我们夜宵吃什么?**<br>Wǒmen yèxiāo chī shénme?<br>우리 야식으로 뭐 먹을까? |

**WORDS**

什么 shénme 무엇, 무슨 ｜ 早饭 zǎofàn 아침(밥) ｜ 午饭 wǔfàn 점심(밥) ｜ 晚饭 wǎnfàn 저녁(밥) ｜ 夜宵 yèxiāo 야식

**3**

🎧 03 - 04

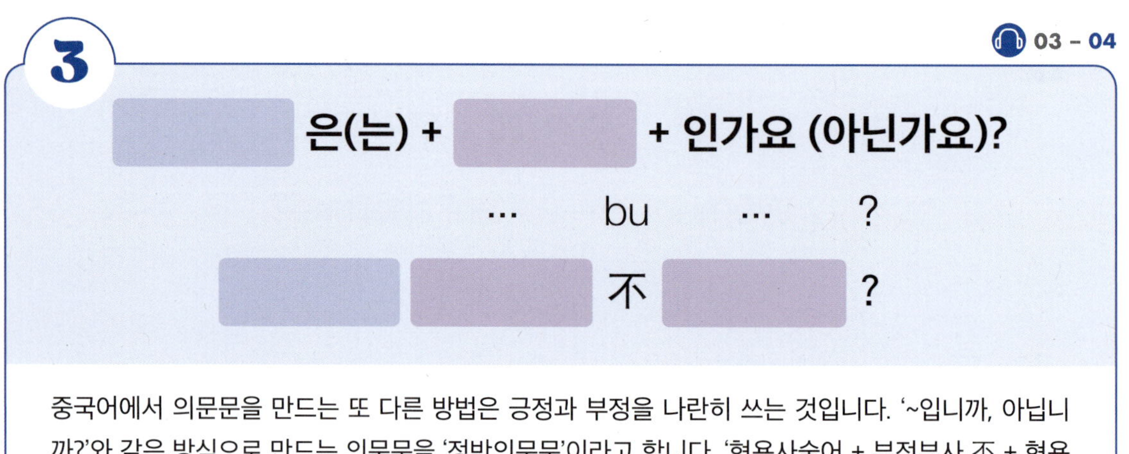



중국어에서 의문문을 만드는 또 다른 방법은 긍정과 부정을 나란히 쓰는 것입니다. '~입니까, 아닙니까?'와 같은 방식으로 만드는 의문문을 '정반의문문'이라고 합니다. '형용사술어 + 부정부사 不 + 형용사술어'의 순서로 구성됩니다. 아래의 단어를 사용하여 정반의문문을 만들어 봅니다.

| | | |
|---|---|---|
| 辣<br>là | 北京烤鸭辣不辣?<br>Běijīng kǎoyā là bu là?<br>베이징 카오야는 매워요 (안 매워요)? | |
| 甜<br>tián | 油条甜不甜?<br>Yóutiáo tián bu tián?<br>여우티아오는 달아요 (안 달아요)? | |
| 酸<br>suān | 糖葫芦酸不酸?<br>Tánghúlu suān bu suān?<br>탕후루는 십니까 (안 십니까)? | |
| 咸<br>xián | 炸酱面咸不咸?<br>Zhájiàngmiàn xián bu xián?<br>자쟝미엔은 짠가요 (안 짠가요)? | |

**발음 Tip** 정반의문문을 만들 때 부정을 나타내는 '不'는 원래 성조(4성)대로 발음하지 않고, 가볍고 짧게 읽어요.

**WORDS**

不 bù 아니다[부정부사] ㅣ 辣 là 맵다 ㅣ 甜 tián 달다 ㅣ 酸 suān 시다 ㅣ 咸 xián 짜다

**4**

'맵다'라는 의미를 나타내는 형용사술어 앞에 그것이 얼마나 매운지, 정도를 나타내는 다양한 정도부사가 올 수 있습니다. 아래에서 '辣'를 사용하여 다양한 정도 표현을 연습해 봅니다.

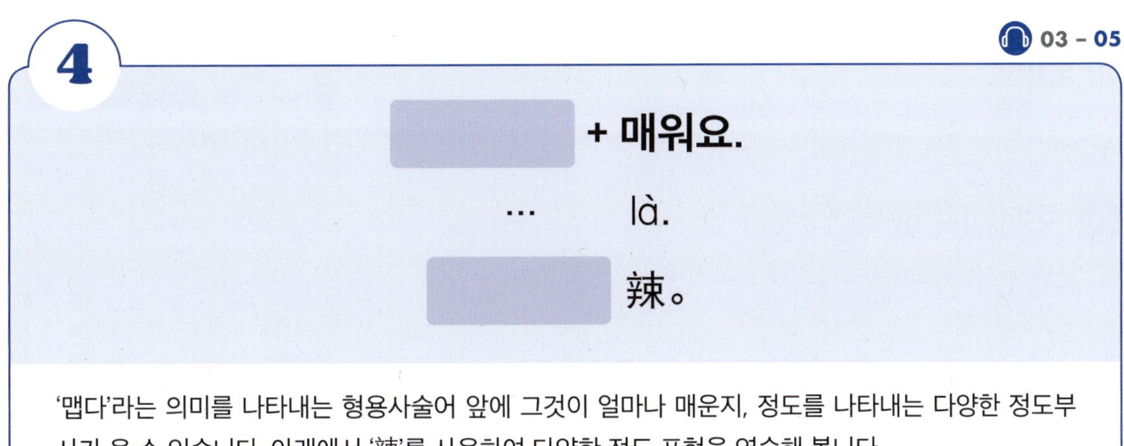

| | |
|---|---|
| 不<br>bù | **Tip**<br>**不辣。**<br>Bú là.<br>안 매워요. |
| 有点儿<br>yǒudiǎnr | 有点儿辣。<br>Yǒudiǎnr là.<br>약간 매워요. |
| 很<br>hěn | 很辣。<br>Hěn là.<br>아주 매워요. |
| 太……了<br>tài … le | 太辣了。<br>Tài là le.<br>너무 매워요. |

**발음 Tip** 부정을 나타내는 '不 bù'는 뒤에 4성으로 발음하는 글자가 오면 성조가 2성(bú)으로 바뀌어요. '不'의 성조 변화는 발음편 III (149쪽)에서 더 자세히 배울 수 있어요.

## WORDS

有点儿 yǒudiǎnr 조금, 약간  |  太……了 tài … le 너무 ~하다

🎧 03 – 06  한국어 해석 159쪽

**A** 我们晚饭吃什么？
Wǒmen wǎnfàn chī shénme?

**B** 晚饭吃北京烤鸭。
Wǎnfàn chī Běijīng kǎoyā.

**A** 北京烤鸭辣不辣？
Běijīng kǎoyā là bu là?

**B** 不辣，很香。
Bú là, hěn xiāng.

**A** 我们夜宵吃什么？
Wǒmen yèxiāo chī shénme?

**B** 夜宵吃炸酱面。
Yèxiāo chī zhájiàngmiàn.

**WORDS**

香 xiāng (음식이) 맛있다, 고소하다

· **연습해 볼까요?** ·

**1** 녹음을 듣고 빈칸에 들어갈 알맞은 단어를 고르세요.　🎧 **03 – 07**　정답 159쪽

北京烤鸭

很

晚饭

辣

(1) A: 我们 ______ 吃什么?
　　B: 晚饭吃 ______ 。

(2) A: 北京烤鸭 ______ 不 ______ ?
　　B: 不辣, ______ 香。

**2** 주어진 중국어 표현을 알맞게 연결하여 대화를 완성하세요.

(1) 我们早饭吃什么? •　　　　• a 不辣。

(2) 我们夜宵吃什么? •　　　　• b 早饭吃油条。

(3) 北京烤鸭辣不辣? •　　　　• c 夜宵吃炸酱面。

**3** 다음을 올바르게 배열하여 문장을 완성하세요.

(1) 저는 탕후루를 먹어요.

糖葫芦 / 我 / 吃

→ _______________________________

(2) 우리 아침에 뭐 먹어?

什么 / 吃 / 早饭 / 我们

→ _______________________________

(3) 너무 매워요.

了 / 太 / 辣

→ _______________________________

## 중국 요리 조리법

03 – 08

**炸**
zhá
튀기다

**烤**
kǎo
굽다

**炒**
chǎo
볶다

**熘**
liū
볶다
(마지막 단계에서 전분을
추가해 마무리 함)

**煎**
jiān
부치다

**蒸**
zhēng
찌다

**煮**
zhǔ
삶다

**涮**
shuàn
샤브샤브하다

**京菜**
Jīngcài
베이징(북경) 요리

**鲁菜**
Lǔcài
산동 요리

**川菜**
Chuāncài
쓰촨(사천) 요리

**粤菜**
Yuècài
광동 요리

## 이렇게 말하면 **나도 현지인**

🎧 03 - 09

중국 각지를 여행하다 보면 중국 사람들과 함께 식사해야 하는 자리가 있기 마련입니다. 한국 사람들은 대체로 식사 전에 **'잘 먹겠습니다.', '많이 드세요.'**와 같은 말을 자주 합니다. 그리고 식사를 마친 후에는 **'잘 먹었습니다.', '배불리 먹었어요.'**라고 말하죠. 중국에서는 이와 같은 인사말을 어떻게 표현할까요? 현지인처럼 사용해 볼까요?

| | | |
|---|---|---|
| 잘 먹겠습니다. | 开动了。 | Kāidòng le. |
| 많이 드세요. | 多吃点儿。 | Duō chī diǎnr. |
| 배불리 먹었습니다. | 吃饱了。 | Chībǎo le. |
| 잘 먹었습니다. | 吃好了。 | Chīhǎo le. |

### WORDS

开动 kāidòng 식사하다 ┃ 了 le 변화, 새로운 상황의 출현을 나타내는 어기조사 ┃ 点儿 diǎnr 약간, 조금 ┃ 饱 bǎo 배부르다

4
시안 Day1
西安 Xī'ān

**＊ 학습 목표**

**1** 10 미만의 적은 수량 묻기　几

**2** 숫자 표현하기

**3** 숫자 2의 두 가지 표현 배우기　二 / 两

# 오늘의 랜드마크

## 시안 여행 2박 코스

**📍 1일차** 친스황 삥마용 – 친스황링 – 화칭츠 – 성벽

시안은 중국 산시성(陝西省 Shǎnxī Shěng)(섬서성)의 성도이자 황투 까오위엔(黄土高原 Huángtǔ Gāoyuán)(황토고원)의 도시로, 매매와 교역의 중심지이며 역대 여러 왕조의 수도였던 곳으로 역사적으로도 중요하다. 시안은 주(周 Zhōu)나라 무왕(武王 Wǔwáng)이 세운 호경(镐京 Hàojīng)에서 비롯되었다. 또한 시안은 한(汉 Hàn)나라에서 당(唐 Táng)나라에 이르기까지 약 1,000여 년간 한 나라의 수도로서 번영하여, 장안(长安 Cháng'ān)이라는 이름으로도 불렸다. 장안성은 수·당(隋 Suí·唐 Táng)에 걸쳐 수도가 되면서 크게 융성했지만, 당(唐)의 몰락 후 상업 중심지의 기능은 유지했으나 점차 쇠락하게 되었다.

시안에서 북동쪽으로 32km 떨어진 곳에는 친스황링(秦始皇陵)이 있다. 친스황링은 중국을 하나로 통일한 진나라 시황제의 무덤이다. 동쪽으로 1km 떨어진 곳에는 친스황링을 지키는 친스황 삥마용(秦始皇兵马俑)이 있다. 이는 친스황링의 순장을 위한 갱(구덩이)으로, 약 8,000여 점의 진흙으로 만들어진 실물 크기의 인형·말·전차·무기 등으로 구성된 유적이다. 총 4호갱이 있으며, 아직도 발굴 작업이 이루어지고 있어 그 규모가 엄청나다는 것을 짐작할 수 있다. 다음으로 대표적인 관광 명소인 화칭츠(华清池)는 당 현종이 즐겨 찾은 온천지로, 그의 총애를 받던 양귀비와 관련된 전설이 전해진다. 마지막으로 중국에서 가장 잘 보존되었다는 시안의 성벽(城墙)에 가서 야경 투어를 해 보자.

시안 성벽의 야경

삥마용의 토용들

**1**

04 – 02

몇 군데 가나요?

…　　qù jǐ ge dìfang?

去几个地方?

'几'는 주로 10 미만의 적은 숫자나 수량을 묻고자 할 때 사용합니다. '몇'에 해당하는 말로, '几 + 양사 + 명사' 형식으로 쓰입니다. 아래 단어들로 반복하여 연습해 봅니다.

| | |
|---|---|
|  今天<br>jīntiān | 今天去几个地方?<br>Jīntiān qù jǐ ge dìfang?<br>오늘 몇 군데 가나요? |
|  明天<br>míngtiān | 明天去几个地方?<br>Míngtiān qù jǐ ge dìfang?<br>내일 몇 군데 가나요? |
|  后天<br>hòutiān | 后天去几个地方?<br>Hòutiān qù jǐ ge dìfang?<br>모레 몇 군데 가나요? |
| 白天<br>báitiān | 白天去几个地方?<br>Báitiān qù jǐ ge dìfang?<br>낮에 몇 군데 가나요? |

**Tip** '个 ge'는 경성으로 읽지만, 원래 4성(gè)이에요.

**어법 Tip** 중국어는 양사의 종류가 매우 다양해요.
사람과 사물 모두를 셀 수 있는 가장 기본적인 양사 '个 ge'부터 배워 보아요.

### WORDS

几 jǐ 몇 ｜ 个 ge 개[사람·사물을 세는 가장 기본적인 양사] ｜ 地方 dìfang 곳 ｜ 后天 hòutiān 모레 ｜ 白天 báitiān 낮

**2**

군데 가요.

qù  …  ge dìfang.

去　　　个地方。

숫자 '2'는 중국어로 '二' 또는 '两'으로 씁니다. 자연수·소수·서수·분수를 나타낼 때는 '二'로 씁니다. 그런데 뒤에 양사가 올 때는 반드시 '两'으로 써 줍니다.

| | | |
|---|---|---|
| **1** 一 yī | 今天去一个地方。<br>Jīntiān qù yí ge dìfang.<br>오늘 한 군데 갑니다. | |
| **2** 两 liǎng | 明天去两个地方。<br>Míngtiān qù liǎng ge dìfang.<br>내일 두 군데 가요. | |
| **3** 三 sān | 后天去三个地方。<br>Hòutiān qù sān ge dìfang.<br>모레 세 군데 가요. | |
| **4** 四 sì | 白天去四个地方。<br>Báitiān qù sì ge dìfang.<br>낮에 네 군데 갑니다. | |

**발음 Tip** '一'를 단독 또는 숫자 그대로 읽을 때는 1성 'yī'로 발음해요.
하지만 뒤에 1·2·3성이 오면 4성으로 발음하고, 뒤에 4성이 오면 2성 'yí'로 발음해요.

## WORDS

二 èr 2, 둘 ㅣ 两 liǎng 2, 둘 ㅣ 一 yī 1, 하나 ㅣ 三 sān 3, 셋 ㅣ 四 sì 4, 넷

 04 – 04

**3**

______ 을(를) + 몇 개 먹을래요(드실래요)?

Nǐ chī jǐ ge … ?

你吃几个 ______ ?

사물의 개수를 세는 양사를 명량사라고 합니다. 명량사는 '(수사) + 양사 + 명사'의 어순으로 명사 앞에 옵니다. 어순에 주의하여 연습해 봅니다.

| | | |
|---|---|---|
|  | 包子<br>bāozi | 你吃几个包子?<br>Nǐ chī jǐ ge bāozi?<br>(당신은) 빠오즈 몇 개 먹을 거예요? |
|  | 肉夹馍<br>ròujiāmó | 你吃几个肉夹馍?<br>Nǐ chī jǐ ge ròujiāmó?<br>(당신은) 러우쟈뭐 몇 개 드실래요? |
|  | 羊肉串<br>yángròuchuàn | 你吃几个羊肉串?<br>Nǐ chī jǐ ge yángròuchuàn?<br>(당신은) 양꼬치 몇 개 먹을래요? |
|  | 饺子<br>jiǎozi | 你吃几个饺子?<br>Nǐ chī jǐ ge jiǎozi?<br>(당신은) 쟈오즈 몇 개 드실 거예요? |

**표현 Tip** '个' 대신 '串 chuàn'을 써서 '몇 꼬치'라고도 해요.

### WORDS

包子 bāozi 빠오즈[각종 소가 든 만두] | 肉夹馍 ròujiāmó 러우쟈뭐[시안의 대표 간식으로 빵 안에 야채와 고기가 있음] |
羊肉串 yángròuchuàn 양꼬치 | 饺子 jiǎozi 쟈오즈, 교자

**4**

을(를) + ▢ 개 먹어요.

Wǒ chī  …  ge  … .

我吃 ▢ 个 + ▢ 。

중국어 두 자릿수를 읽는 방식은 한국어 두 자릿수를 읽는 방식과 같습니다. 두 자릿수 이상일 때 끝자리에 오는 '2'와 '十' 앞에 오는 '2'는 '二'로 씁니다. 발음에 주의하여 해당 숫자를 읽어 봅니다.

| | | |
|---|---|---|
| **10** | 十<br>shí | 我吃十个包子。<br>Wǒ chī shí ge bāozi.<br>(저는) 빠오즈 10개 먹을래요. |
| **12** | 十二<br>shí'èr | 我吃十二个肉夹馍。<br>Wǒ chī shí'èr ge ròujiāmó.<br>(저는) 러우쟈뭐 12개 먹을래요. |
| **20** | 二十<br>èrshí | 我吃二十个羊肉串。<br>Wǒ chī èrshí ge yángròuchuàn.<br>(저는) 양꼬치 20개 먹을래요. |
| **24** | 二十四<br>èrshísì | 我吃二十四个饺子。<br>Wǒ chī èrshísì ge jiǎozi.<br>(저는) 쟈오즈 24개 먹을래요. |

**WORDS**

十 shí 10, 열  |  十二 shí'èr 12, 열둘  |  二十 èrshí 20, 스물  |  二十四 èrshísì 24, 스물넷

🎧 04 - 06 　한국어 해석 159쪽

**A** 导游，我们今天去几个地方？
Dǎoyóu, Wǒmen jīntiān qù jǐ ge dìfang?

**B** 今天去四个地方。
Jīntiān qù sì ge dìfang.

**A** 我们去哪儿？
Wǒmen qù nǎr?

**B** 秦始皇兵马佣、秦始皇陵①、华清池②和城墙。
Qínshǐhuáng Bīngmǎyǒng、Qínshǐhuánglíng、Huáqīngchí hé Chéngqiáng.

**A** 今天吃羊肉串吗？
Jīntiān chī yángròuchuàn ma?

**B** 当然，你吃几个羊肉串？
Dāngrán, nǐ chī jǐ ge yángròuchuàn?

**A** 二十个。
Èrshí ge.

① **어법 Tip** 중국어는 단어나 구를 병렬로 나열할 때, 모점(、)을 사용해요. 문장을 나눌 때는 쉼표(，)를 쓰면 돼요.
② **어법 Tip** '和'는 명사와 명사를 연결할 때 '~와(과)'의 의미로 사용해요.

## WORDS

和 hé ~와(과) ｜ 当然 dāngrán 당연하다

**1** 녹음을 듣고 빈칸에 들어갈 알맞은 단어를 고르세요.　🎧 04 - 07　정답 159쪽

饺子

明天

**2**
两

**20**
二十

(1) A: ＿＿＿ 去几个地方？

　　B: 去 ＿＿＿ 个地方。

(2) A: 你吃几个 ＿＿＿ ？

　　B: 我吃 ＿＿＿ 个。

**2** 주어진 중국어 표현을 알맞게 연결하여 대화를 완성하세요.

(1) 我们去哪儿？　•

(2) 今天吃羊肉串吗？　•

(3) 你吃几个？　•

　•a 十二个。

　•b 秦始皇兵马俑、华清池。

　•c 当然。

**3** 다음을 올바르게 배열하여 문장을 완성하세요.

(1) 당신은 양꼬치 몇 개 드실 건가요?

羊肉串 / 吃 / 你 / 几个

→ ＿＿＿＿＿＿＿＿＿＿

(2) 우리는 네 군데 가요.

我们 / 四个 / 去 / 地方

→ ＿＿＿＿＿＿＿＿＿＿

(3) 모레 몇 군데 가나요?

去 / 后天 / 几个 / 地方

→ ＿＿＿＿＿＿＿＿＿＿

## 숫자 배우기 ②



| 0 | 1 | 2 | 3 | 4 | 5 | 6 |
|---|---|---|---|---|---|---|
| 零<br>líng | 一<br>yī | 二<br>èr | 三<br>sān | 四<br>sì | 五<br>wǔ | 六<br>liù |

| 7 | 8 | 9 | 10 | 11 | 12 | 13 |
|---|---|---|---|---|---|---|
| 七<br>qī | 八<br>bā | 九<br>jiǔ | 十<br>shí | 十一<br>shíyī | 十二<br>shí'èr | 十三<br>shísān |

| 20 | 30 | 40 | 50 | 100 | 1,000 | 10,000 |
|---|---|---|---|---|---|---|
| 二十<br>èrshí | 三十<br>sānshí | 四十<br>sìshí | 五十<br>wǔshí | 一百<br>yìbǎi | 一千<br>yìqiān | 一万<br>yíwàn |

🎧 04 - 09

중국에서 쇼핑하거나 식사할 때 중국인은 물론 많은 외국인도 즈푸바오나 웨이신같은 모바일 간편 결제를 많이 사용합니다. 이때 대부분 휴대전화 화면의 QR코드를 통해 결제하곤 합니다. 물론 아직 신용카드나 현금도 사용할 수 있습니다. 결제하기 전에 특정 결제 수단을 사용할 수 있는지 확인하고 싶을 때, **'즈푸바오 결제 가능한가요?'**는 중국어로 어떻게 표현할까요? 현지인처럼 표현해 볼까요?

| 즈푸바오 결제 가능한가요? | **Tip** 可以刷支付宝吗? | Kěyǐ shuā Zhīfùbǎo ma? |
| 웨이신 결제 가능한가요? | 可以刷微信吗? | Kěyǐ shuā Wēixìn ma? |
| 신용카드 결제 가능한가요? | 可以刷信用卡吗? | Kěyǐ shuā xìnyòngkǎ ma? |
| 현금 결제 가능한가요? | 可以付现金吗? | Kěyǐ fù xiànjīn ma? |

**어법 Tip** 조동사 '可以'는 동사 앞에서 '~할 수 있다'라는 뜻을 나타내요.

## WORDS

可以 kěyǐ ~할 수 있다 ㅣ 刷 shuā (카드 등을) 긁다 ㅣ 支付宝 Zhīfùbǎo 즈푸바오(알리페이)[중국 알리바바의 온라인 지불 시스템] ㅣ 微信 Wēixìn 웨이신(위챗)[중국의 대표적인 메신저 앱으로, 간편 결제도 가능함] ㅣ 信用卡 xìnyòngkǎ 신용카드 ㅣ 付 fù 지불하다 ㅣ 现金 xiànjīn 현금

5
시안 Day2
西安 Xī'ān

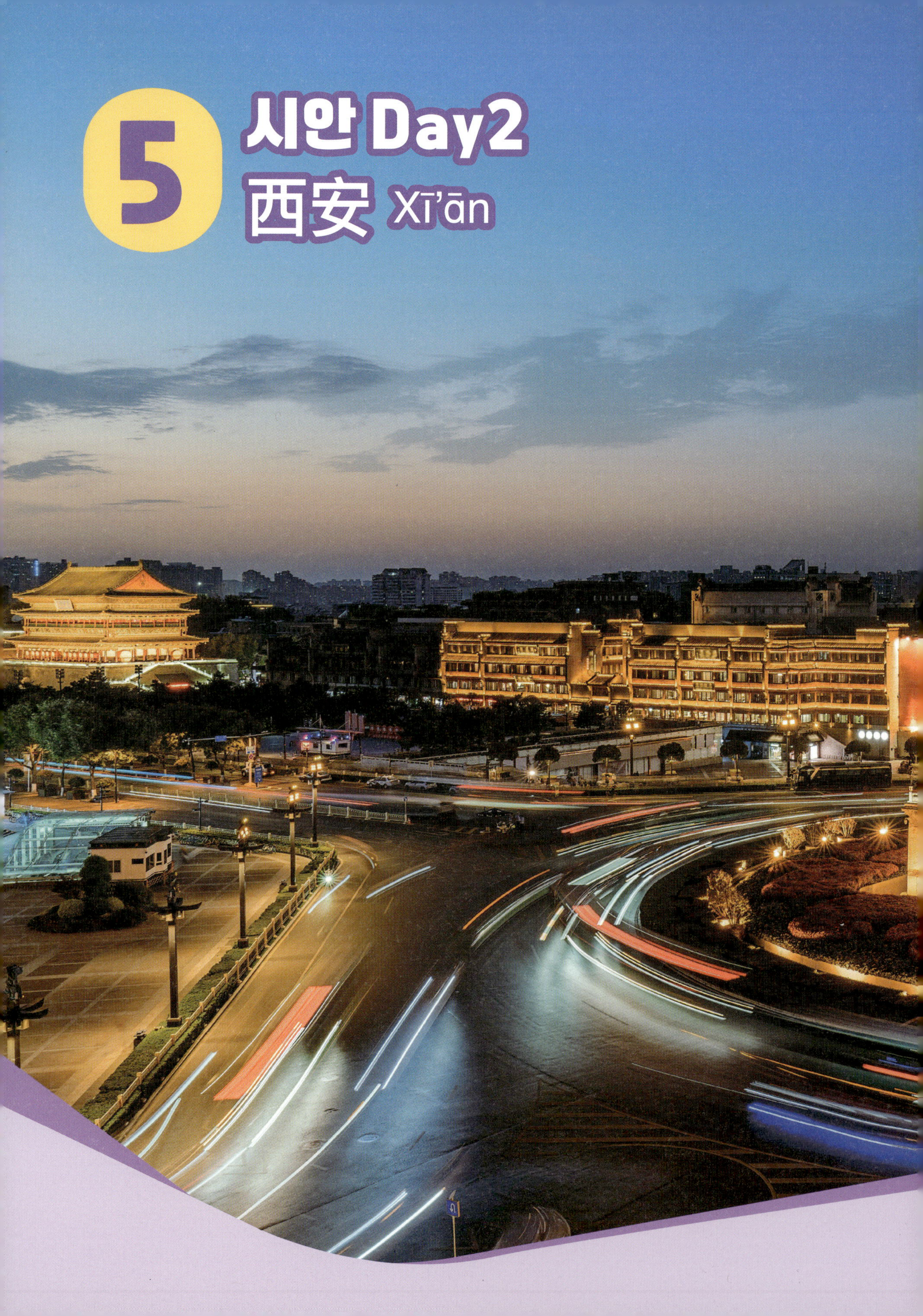

05 MP3

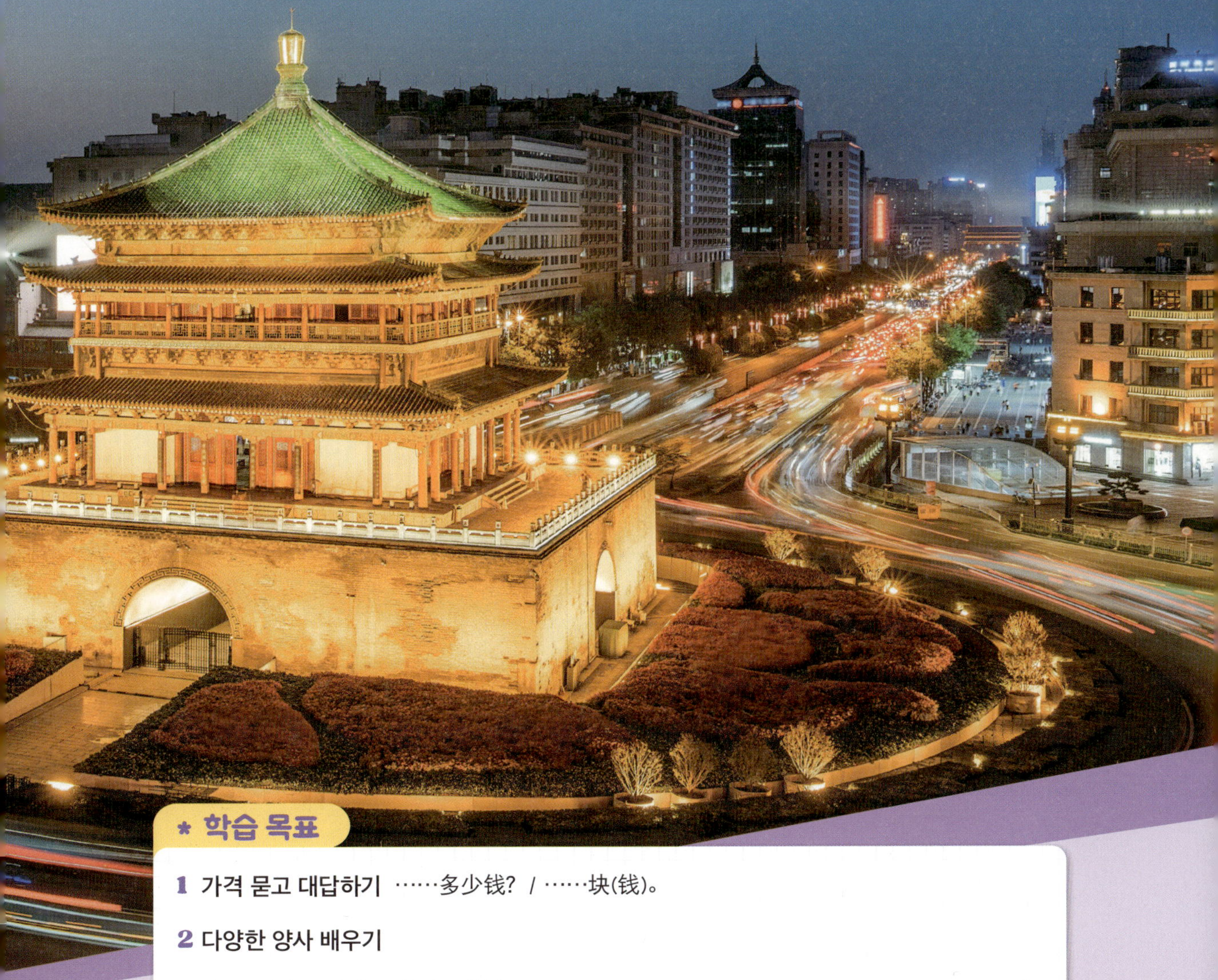

*** 학습 목표**

1 가격 묻고 대답하기 ……多少钱? / ……块(钱)。

2 다양한 양사 배우기

3 이것, 저것 표현하기 这个 / 那个

# 오늘의 랜드마크

## 시안 여행 2박 코스

**📍 2일차** 베이린 – 따옌타 – 종러우·구러우 – 후이민제

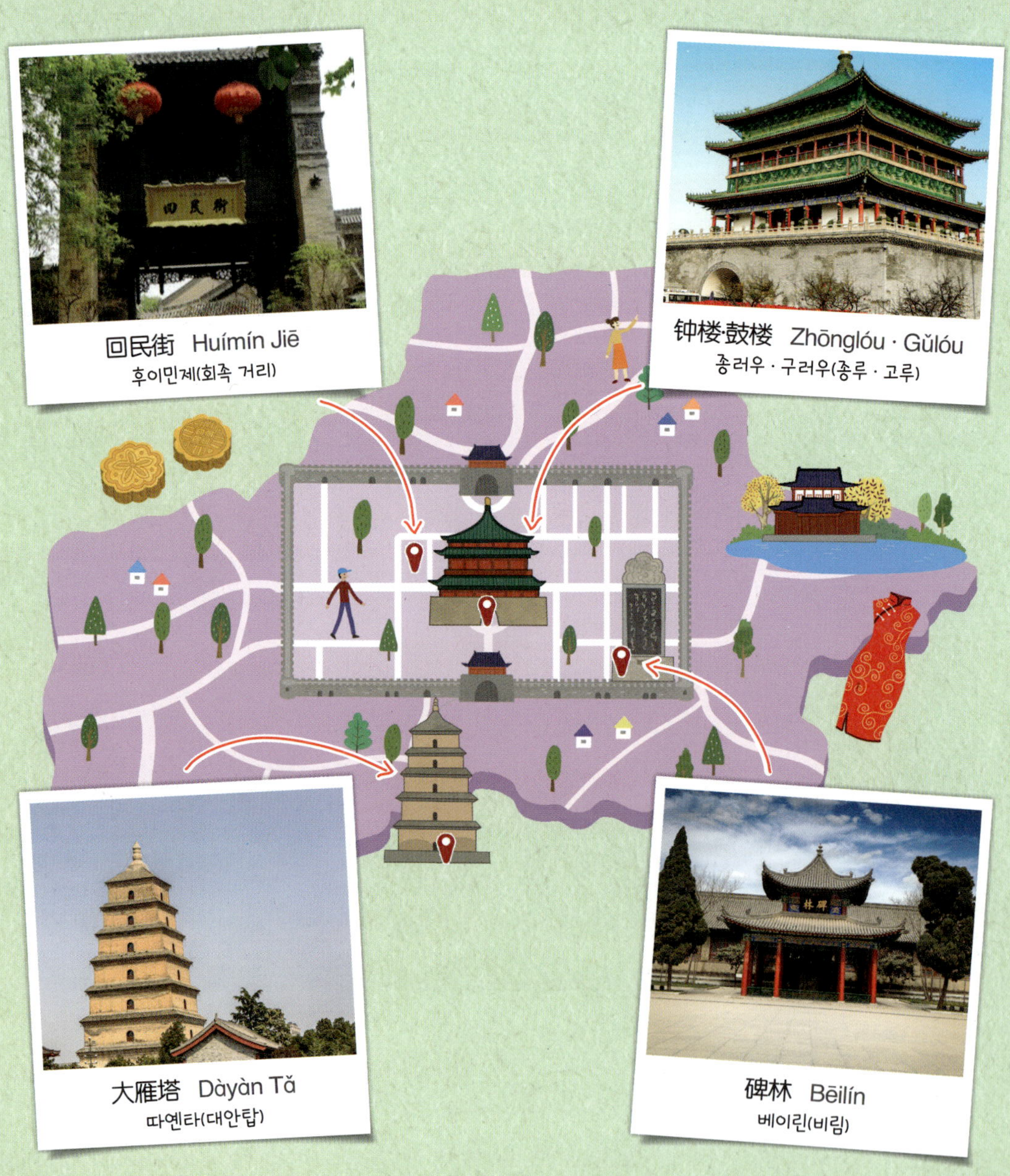

베이린 박물관의 비석

베이린(碑林)이란 '비석들의 숲'이라는 뜻으로, 시안에 가면 베이린 박물관에 가 보는 것을 추천한다. 예전에 공자의 사당으로 쓰인 이곳은 글씨가 새겨진 비석, 불상과 중요한 유물을 전시해 놓았다.

시안의 상징적인 건물인 종러우·구러우(钟楼·鼓楼)를 구경하거나, 따옌타(大雁塔)를 둘러봐도 좋다. 따옌타는 현장법사(삼장법사)가 인도에서 가져온 불경을 번역해서 보관하기 위한 곳으로, 동아시아 불교사에서 큰 의미를 지닌다.

현장법사와 따옌타

총 56획으로 구성된 한자 '뱡'

시안에 가면 꼭 가봐야 할 곳 중 하나가 후이민제(回民街)이다. 후이민제는 과거부터 이슬람 문화와의 활발한 교류로 인해 당(唐)나라 때 형성되었다. 이곳에는 중국 소수민족인 후이주(回族 Huízú)(회족)가 많이 사는데, 그들은 이슬람교 교리에 따라 돼지고기 대신 양고기나 소고기를 주로 먹는다. 그래서 이곳 야시장에는 다양한 양고기 요리가 많다. 이외에도 시안의 대표 전통 음식이자, 가장 복잡한 한자라고 불리는 뱡뱡미엔(𰻞𰻞面 biángbiáng miàn)(뱡뱡면)을 먹어 보는 것을 추천한다.

 05 – 02

**1**

________ + 얼마예요?

⋯ duōshao qián?

________ 多少钱?

중국어로 '얼마예요?'는 '多少钱?'이라고 합니다. '~은(는) 얼마예요?'라고 물을 때는 '······多少钱?' 이라고 합니다. 다양한 표현을 넣어 연습해 봅니다.

门票
ménpiào

门票多少钱?
Ménpiào duōshao qián?
입장권은 얼마예요?

车票
chēpiào

车票多少钱?
Chēpiào duōshao qián?
승차권은 얼마예요?

打车费
dǎchēfèi

打车费多少钱?
Dǎchēfèi duōshao qián?
택시비는 얼마예요?

住宿费
zhùsùfèi

住宿费多少钱?
Zhùsùfèi duōshao qián?
숙박비는 얼마예요?

**WORDS**

多少 duōshao 얼마[10 이상의 수량을 물을 때 쓰임]  |  钱 qián 돈, 화폐  |  门票 ménpiào 입장권  |  车票 chēpiào 승차권, 차표  |  打车 dǎchē 택시를 타다  |  费 fèi 비용  |  住宿 zhùsù 숙박하다

**2**

☐ **+ 얼마예요?**

… **duōshao qián?**

☐ **多少钱?**

어떤 물건이 하나에 얼마인지 물어볼 때에도 '……多少钱?' 표현을 사용할 수 있습니다. '수사 + 양사 + 명사'를 조합하여 물건 사는 표현을 연습해 봅니다.

---

**一个羊肉串**
yí ge yángròuchuàn

**一个羊肉串多少钱?**
Yí ge yángròuchuàn duōshao qián?
양꼬치 하나에 얼마예요?

---

**两碗面**
liǎng wǎn miàn

**两碗面多少钱?**
Liǎng wǎn miàn duōshao qián?
국수 두 그릇은 얼마예요?

---

**三瓶啤酒**
sān píng píjiǔ

**三瓶啤酒多少钱?**
Sān píng píjiǔ duōshao qián?
맥주 세 병 얼마예요?

---

**四听可乐**
sì tīng kělè

**四听可乐多少钱?**
Sì tīng kělè duōshao qián?
콜라 네 캔은 얼마예요?

---

**WORDS**

碗 wǎn 그릇, 대접[그릇이나 공기를 셀 때 쓰는 양사] | 面 miàn 국수, 면 | 瓶 píng 병[병에 담긴 액체를 세는 양사] | 啤酒 píjiǔ 맥주 | 听 tīng 캔, 통[캔 따위를 세는 양사] | 可乐 kělè 콜라

 05 – 04

**3**

이/저(그) ____ 은(는) + 얼마예요?

Zhè ge / Nà ge  …  duōshao qián?

这个/那个 ____ 多少钱?

중국어에서 가까운 것을 가리킬 때 '这', 먼 것을 가리킬 때 '那'를 사용합니다. 나와 가까운 거리에 있는 것을 가리킬 때는 '这' 뒤에 양사 '个'를 붙여서 '这个', 나와 먼 거리에 있는 것을 가리킬 때는 '那' 뒤에 양사 '个'를 붙여 '那个'라고 합니다. '个' 대신 다른 양사를 넣어 말할 수도 있습니다.

这个羊肉串
zhè ge yángròuchuàn

这个羊肉串多少钱?
Zhè ge yángròuchuàn duōshao qián?
이 양꼬치 (하나) 얼마예요?

这碗面
zhè wǎn miàn

这碗面多少钱?
Zhè wǎn miàn duōshao qián?
이 국수 (한 그릇) 얼마예요?

那瓶啤酒
nà píng píjiǔ

那瓶啤酒多少钱?
Nà píng píjiǔ duōshao qián?
저 맥주 (한 병) 얼마예요?

那听可乐
nà tīng kělè

那听可乐多少钱?
Nà tīng kělè duōshao qián?
저 콜라 (한 캔) 얼마예요?

**WORDS**

这 zhè 이(것)  |  那 nà 저(것), 그(것)

**4**

# ___ 위안입니다.

... kuài (qián).

___ 块(钱)。

중국의 화폐는 인민폐(人民币)라고 합니다. 기본 단위는 '元'이고, '角'는 '元'의 1/10입니다. 회화체에서는 각각 '块', '毛'로 말하며 '角'는 드물게 사용합니다. '钱' 또는 '块钱'을 생략하고 말할 수 있습니다. 다양한 가격 표현을 연습해 봅니다.

两块(钱)
liǎng kuài (qián)

两块(钱)。
Liǎng kuài (qián).
2위안입니다.

十块(钱)
shí kuài (qián)

十块(钱)。
Shí kuài (qián).
10위안입니다.

一百(块钱)
yìbǎi (kuài qián)

一百(块钱)。
Yìbǎi (kuài qián).
100위안입니다.

**288**元

两百八十八(块钱)
liǎngbǎi bāshíbā (kuài qián)

两百八十八(块钱)。
Liǎngbǎi bāshíbā (kuài qián).
288위안입니다.

## WORDS

块 kuài 콰이[중국의 화폐 단위 중 하나로, '元'의 회화체 표현] | 人民币 Rénmínbì 인민폐 | 元 yuán 위안[중국의 화폐 단위] | 角 jiǎo 자오[중국의 화폐 단위 중 하나로, '元'의 1/10] | 毛 máo 마오[중국의 화폐 단위 중 하나로, '角'의 회화체 표현] | 一百 yìbǎi 100, 백 | 两百 liǎngbǎi 200, 이백 | 八十八 bāshíbā 88, 팔십팔

🎧 05 – 06 ｜ 한국어 해석 160쪽

**A** 老板，一个羊肉串多少钱？
Lǎobǎn, yí ge yángròuchuàn duōshao qián?

**Tip**
**B** 一个两块。
Yí ge liǎng kuài.

**A** 这瓶啤酒多少钱？
Zhè píng píjiǔ duōshao qián?

**B** 一瓶十块。
Yì píng shí kuài.

**A** 我要二十个羊肉串，一瓶啤酒。一共多少钱？
Wǒ yào èrshí ge yángròuchuàn, yì píng píjiǔ. Yígòng duōshao qián?

**B** 一共五十。
Yígòng wǔshí.

**표현 Tip** '一个两块'는 '한 개(한 꼬치)에 2위안'이라는 뜻이에요. '两块一个'라고 말해도 돼요.

### WORDS

老板 lǎobǎn 사장 ｜ 要 yào 원하다, 필요하다 ｜ 一共 yígòng 모두, 다해서 ｜ 五十 wǔshí 50, 쉰

**1**  녹음을 듣고 빈칸에 들어갈 알맞은 단어를 고르세요.  🎧 05 – 07  정답 160쪽

| 啤酒 | 羊肉串 | 打车费 | 一百 |

(1) A: ______ 多少钱?

    B: ______ 块。

(2) A: 您好!

    B: 老板，我要二十个 ______，

      一瓶 ______。

**2**  주어진 중국어 표현을 알맞게 연결하여 대화를 완성하세요.

(1) 一共多少钱?　　　　　　　　　a 一瓶十块。

(2) 门票多少钱?　　　　　　　　　b 两百八十块。

(3) 一瓶啤酒多少钱?　　　　　　　c 一共五十。

**3**  다음을 올바르게 배열하여 문장을 완성하세요.

(1) 이 국수는 얼마인가요?

    多少钱 / 这 / 面 / 碗　→ __________________

(2) 저는 양꼬치 20개 주세요.

    二十个 / 要 / 羊肉串 / 我　→ __________________

(3) 콜라 네 캔 얼마예요?

    听 / 四 / 可乐 / 多少钱　→ __________________

## 화폐

**一百块**
*yìbǎi kuài*
100위안

**五十块**
*wǔshí kuài*
50위안

**二十块**
*èrshí kuài*
20위안

**十块**
*shí kuài*
10위안

**五块**
*wǔ kuài*
5위안

**一块**
*yí kuài*
1위안

**一块**
*yí kuài*
1위안

**五毛**
*wǔ máo*
5마오

**韩币**
*Hánbì*
원화

**台币**
*Táibì*
대만돈

**美元**
*Měiyuán*
달러

**欧元**
*Ōuyuán*
유로

**05 – 09**

중국에서 물건을 살 때 '너무 비싸요, 조금 싸게 해 주세요.'라는 말은 한 번쯤은 꼭 써 봐야 할 필수 표현입니다. 중국어로 '할인하다'는 '打折 dǎzhé'라고 합니다. 그런데 몇 퍼센트 할인한다고 말할 때는 '打折' 사이에 숫자를 넣어 표현합니다. 30% 할인은 '打七折 dǎ qī zhé'라고 말합니다. 즉, 전체 가격의 70%로 판매한다는 것이지요. 반대로 70% 할인한다는 말은 '打三折 dǎ sān zhé'라고 합니다. '打折' 사이의 숫자가 낮을수록 할인율이 높아지겠죠? 그러면 현지인처럼 사용해 볼까요?

| | | |
|---|---|---|
| 너무 비싸요. | 太贵了。 | Tài guì le. |
| 조금 싸게 해 주세요. | 便宜点儿吧。 | Piányi diǎnr ba. |
| 할인됩니까? | 打折吗? | Dǎzhé ma? |

**WORDS**

打折 dǎzhé 할인하다  |  贵 guì 비싸다  |  便宜 piányi 싸다  |  吧 ba 청유, 권유를 나타내는 어기조사

쉬어 가기!

# 발음편 II

운모에는 발음편 I 에서 배운 단운모 이외에 복운모 · 비운모 · 결합운모(i–결합, u–결합, ü–결합) 그리고 권설운모가 있다.

## 복운모(+결합운모)  00 – 13

운모가 결합하여 만들어지는 발음이다.

| | | | | |
|---|---|---|---|---|
| ai | ei | ao | ou | |
| ia | ie | ua | uo | üe |
| iao | iou | uai | uei | |

## 비운모(+결합운모)  00 – 14

복운모 중 콧소리가 나는 발음이다.

| | | | |
|---|---|---|---|
| an | ian | uan | üan |
| en | in | uen | ün |
| ang | iang | uang | |
| eng | ing | ueng | |
| ong | iong | | |

## 권설운모  00 – 15

특수 모음으로, 단독으로 쓰이거나 음절 뒤에 붙어 사용된다.

| |
|---|
| er |

## ❶ 복운모(+결합운모) 연습 🎧 00 - 16

**Tip** 발음편에서는 단어의 뜻이 아닌 **발음 연습**에 집중해 주세요.

| ai | ei | ao | ou | |
|---|---|---|---|---|
| 白天 báitiān | 美女 měinǚ | 导游 dǎoyóu | 后天 hòutiān | |
| ① ia(ya) | ① ie(ye) | ③ ua(wa) | ③ uo(wo) | ⑤ üe(yue) |
| 下午 xiàwǔ | 夜宵 yèxiāo | 刷卡 shuākǎ | 果汁 guǒzhī | 雪碧 xuěbì |
| ① iao(yao) | ① iou(you) | ③ uai(wai) | ③ uei(wei) | |
| 饺子 jiǎozi | 油条 yóutiáo<br>② 休息 xiūxi | 两块 liǎng kuài | 微信 Wēixìn<br>④ 贵 guì | |

### ★ 발음 표기 규칙

① 'i'로 시작하는 운모는 'i'를 'y'로 바꾸어 표기해요.

　예) ia → ya, iao → yao, ie → ye, iou → you

② 운모 'iou'는 성모와 결합하게 되면 'iu'로 바꾸어 표기해요.

③ 'u'로 시작하는 운모는 'u'를 'w'로 바꾸어 표기해요.

　예) ua → wa, uo → wo, uai → wai, uei → wei

④ 운모 'uei'는 성모와 결합하게 되면 'ui'로 바꾸어 표기해요.

⑤ 'ü'로 시작하는 운모는 위의 두 점을 생략하고 'ü'를 'yu'로 바꾸어 표기해요.

## ❷ 비운모(+결합운모) 연습  🎧 00 - 17

| an | ian(yan) | uan(wan) | üan(yuan) |
|---|---|---|---|
| 韩国 Hánguó | 便宜 piányi | 晚饭 wǎnfàn | 美元 Měiyuán |
| en | ① in(yin) | ② uen(wen) | ün(yun) |
| 门票 ménpiào | 今天 jīntiān | ③ 春天 chūntiān | 运动 yùndòng<br>④ 群 qún |
| ang | iang(yang) | uang(wang) | |
| 上午 shàngwǔ | 羊肉 yángròu | 网球 wǎngqiú | |
| eng | ① ing(ying) | ueng(weng) | |
| 证件 zhèngjiàn | 旅行 lǚxíng | 老翁 lǎowēng | |
| ong | iong(yong) | | |
| 红茶 hóngchá | 熊猫 xióngmāo | | |

### ★ 발음 표기 규칙

① 운모 'i'만 있을 때는 'i'를 'yi'로 바꾸어 표기해요.

  예) in → yin, ing → ying

② 성모 없이 운모 'u'로 음절이 시작하는 경우, 'u'를 'w'로 바꾸어 표기하니, 'un'은 원래 'uen'이었
  으므로 'wen'으로 표기해요.

③ 운모 'uen'은 성모와 결합하면 'un'으로 바꾸어 표기해요.

④ 운모 'ü'가 성모 'j·q·x'와 결합하게 되면 위의 점 두 개는 생략하여 표기해요. 'j·q·x' 뒤에 오는
  'u'는 'ü'이니 헷갈리지 않도록 주의해야 해요.

❸ **권설운모 연습**  🎧 00 - 18

특수 모음으로, 단독으로 쓰이거나 음절 뒤에 붙어 사용된다.

● 'er'이 단독으로 쓰이는 경우

| 儿 ér | 耳 ěr | 二 èr |
|---|---|---|
| 儿子 érzi | 耳朵 ěrduo | 二十 èrshí |

● 'er'이 음절 뒤에 붙어 사용되는 경우
→ 'e'를 생략하고 'r'만 표기한다.

花儿 huā + ér → huār

玩儿 wán + ér → wánr[wár]

* 실제 발음은 'n'을 생략하고 'r' 발음만 해 줘요.

一会儿 yí huì + ér → yíhuìr

* 실제 발음은 'i'를 생략하고 'r' 발음만 해 줘요.

## 발음 테스트

**1** 녹음을 듣고 발음 순서대로 번호를 쓰세요.　🎧 00 – 19　정답160쪽

(1)　① tián　　② qián　　③ miàn　　④ diǎn　　정답 _______________

(2)　① xuě　　② yuè　　③ jué　　④ què　　정답 _______________

(3)　① gèng　　② dōng　　③ yòng　　④ téng　　정답 _______________

**2** 녹음을 듣고 빈칸에 해당하는 말을 보기에서 골라 쓰세요.　🎧 00 – 20

보기

wǎng ｜ chūn ｜ yóu ｜ ěr ｜ wēi
lǔ ｜ xuě ｜ xióng ｜ nǔ ｜ ròu

(1) ＿＿ xíng　　(2) ＿＿ tiáo　　(3) ＿＿ xìn

(4) ＿＿ tiān　　(5) měi ＿＿　　(6) yáng ＿＿

**3** 녹음을 듣고 빈칸에 들어갈 알맞은 말을 연결하세요.　🎧 00 – 21

(1) g＿＿ fēng　•　　　　•　a yùn

(2) kāih＿＿　•　　　　•　b uì

(3) d＿＿ buqǐ　•　　　　•　c ián

(4) p＿＿ yi　•　　　　•　d uār

(5) ＿＿ dòng　•　　　　•　e uā

## 양사 모음

 00 - 22

**Tip** 양사란 명사 앞에서 '수량'을 나타내기 위해 사용하는 품사로, 한 명, 두 개, 세 마리와 같은 단위를 나타내요. '수사 + 양사 + 명사'의 어순으로 사용해요.

| | | | |
|---|---|---|---|
| **个** ge<br>(사람, 사물 등)<br>가장 일반적인 양사 | **位** wèi<br>사람의 존칭 | **只** zhī<br>동물, 한 쌍의 신체 부위 | **条** tiáo<br>길고 가느다란 것 |
|  |  |  |  |
| 三**个**人<br>sān ge rén<br>세 사람 | 一**位**老师<br>yí wèi lǎoshī<br>선생님 한 분 | 一**只**狗<br>yì zhī gǒu<br>개 한 마리 | 一**条**鱼<br>yì tiáo yú<br>물고기 하나 |
| **张** zhāng<br>(종이, 침대 등)<br>네모 납작한 것 | **本** běn<br>공책, 책 | **支** zhī<br>손에 쥐는 길쭉한 것 | **条** tiáo<br>길고 가느다란 것 |
|  |  |  |  |
| 一**张**床<br>yì zhāng chuáng<br>침대 한 개 | 一**本**书<br>yì běn shū<br>책 한 권 | 一**支**铅笔<br>yì zhī qiānbǐ<br>연필 한 자루 | 一**条**裤子<br>yì tiáo kùzi<br>바지 한 개 |

| | | | |
|---|---|---|---|
| **件** jiàn<br>옷 또는 일, 사건 | **双** shuāng<br>쌍으로 된 물건 | **辆** liàng<br>교통수단 | **杯** bēi<br>(음료 등의) 잔 |
|  |  |  | |
| 一**件**衣服<br>yí jiàn yīfu<br>옷 한 벌 | 一**双**鞋<br>yì shuāng xié<br>신발 한 켤레 | 两**辆**公交车<br>liǎng liàng gōngjiāochē<br>버스 두 대 | 一**杯**茶<br>yì bēi chá<br>차 한 잔 |
| **瓶** píng<br>(음료 등의) 병 | **碗** wǎn<br>(밥 등의) 그릇, 공기 | **盘** pán<br>(요리 등의) 접시 | **块** kuài<br>덩어리, 조각, 돈 |
|  |  |  |  |
| 一**瓶**水<br>yì píng shuǐ<br>물 한 병 | 一**碗**米饭<br>yì wǎn mǐfàn<br>밥 한 공기 | 一**盘**饺子<br>yì pán jiǎozi<br>만두 한 접시 | 一**块**巧克力<br>yí kuài qiǎokèlì<br>초콜릿 한 조각 |

6
상하이 Day1
上海 Shànghǎi

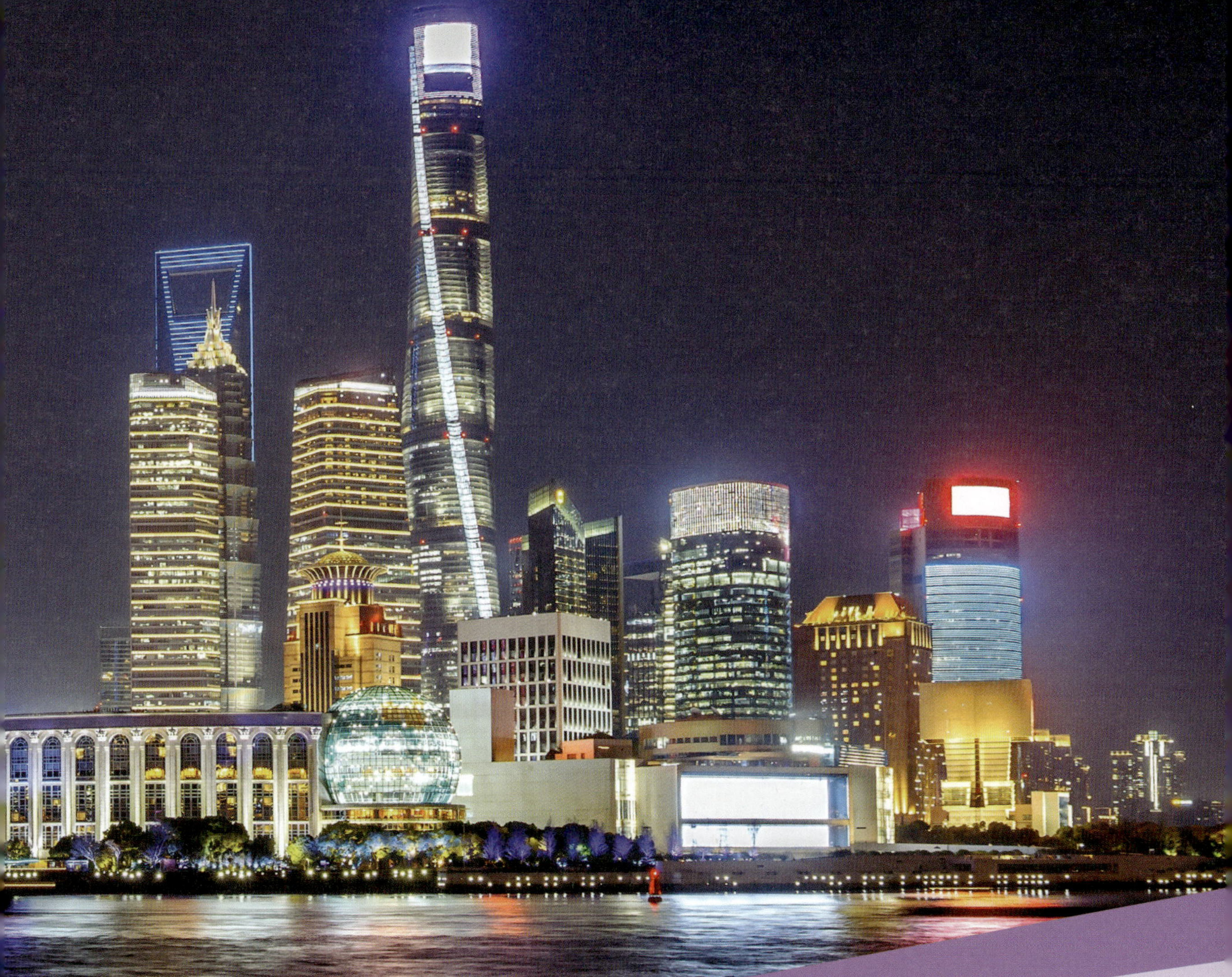

**＊ 학습 목표**

**1** 마실 것 묻고 대답하기 你喝什么……?
我喝……。

**2** 원하는 것 묻고 대답하기 你要……吗?
我要……的。

## 오늘의 랜드마크

# 상하이 여행 2박 코스

📍 **1일차** 와이탄 – 난징루 – 위위엔 – 동팡밍주

상하이는 중국 동부 창강(长江 Cháng Jiāng)(장강, 양쯔강) 하구에 있는 중화인민공화국의 직할시로, 중국의 경제·문화·상업·금융·산업·통신의 중심지이다. 20세기 초에 이미 뉴욕과 런던 다음 가는 세계적 금융 중심지이자 극동의 가장 큰 국제적 상업 도시가 되었다.

상하이는 황푸강(黄浦江 Huángpǔ Jiāng)을 기준으로 푸동(浦东 Pǔdōng)과 푸시(浦西 Pǔxī)로 나뉜다. 푸동은 현대적인 고층 건축물이 즐비해 있는데, 상하이의 랜드마크인 동팡밍주(东方明珠) 타워가 있다. 푸동국제공항 역시 푸동에 있는데, 2024년 11월 20일부터 5,000만 명 수용 가능한 제3터미널 공사가 진행 중이다. 푸시는 상하이의 구시가지로, 상하이 거주자의 90%가 이곳에 살며, 옛 상하이의 정취를 느낄 수 있다. 와이탄(外滩), 난징루(南京路), 신톈디(新天地 Xīn Tiāndì), 위위엔(豫园) 모두 상하이 푸시의 대표적인 관광 명소이다. 쇼핑을 하고 싶다면 난징루와 신톈디는 꼭 들러 보자. 난징루에는 전 세계 6곳밖에 없다는 스타벅스 리저브 로스터리도 있다. 저녁에는 화려한 노란 불빛으로 가득한 와이탄 거리를 걸으며 황푸강 너머로 보이는 동팡밍주 타워의 야경을 구경해 보자.

스타벅스 리저브 로스터리

동팡밍주 야경

06 – 02

**1**

당신은 무슨 +　　　　　을(를) 마시나요?

Nǐ hē shénme　…　?

你喝什么　　　？

중국어에서 목적어 성분은 동사 성분 뒤에 위치합니다. 동사 '喝'와 함께 쓸 수 있는 명사를 목적어 자리에 넣어 연습해 봅니다. 앞에서 배웠던 '什么'는 음료 명사 앞에서 '무슨 + (음료)'가 되어 관형어 역할을 합니다.

咖啡
kāfēi

你喝什么咖啡?
Nǐ hē shénme kāfēi?
당신은 무슨 커피를 마시나요?

茶
chá

你喝什么茶?
Nǐ hē shénme chá?
당신은 무슨 차를 드시나요?

果汁
guǒzhī

你喝什么果汁?
Nǐ hē shénme guǒzhī?
너는 무슨 과일 주스 마실래?

汽水
qìshuǐ

你喝什么汽水?
Nǐ hē shénme qìshuǐ?
너는 무슨 탄산음료 마실래?

**WORDS**

喝 hē 마시다 | 咖啡 kāfēi 커피 | 茶 chá 차 | 果汁 guǒzhī 과일 주스 | 汽水 qìshuǐ 탄산음료

## 2

**나는 +** [          ] **+ 을(를) 마셔요.**

Wǒ hē  …  .

我喝 [      ] 。

여러 가지 음료 명사를 해당 위치에 넣어 어떤 음료를 마시는지 표현해 봅니다. 중국어에서는 고체류를 먹을 때는 동사 '吃'를 사용하고, 액체류를 먹을 때는 동사 '喝'를 사용한다는 점 잊지 마시고, 반복하여 연습해 봅니다.

**拿铁**
nátiě

我喝拿铁。
Wǒ hē nátiě.
저는 카페라테를 마셔요.

**红茶**
hóngchá

我喝红茶。
Wǒ hē hóngchá.
저는 홍차를 마십니다.

**芒果汁**
mángguǒzhī

我喝芒果汁。
Wǒ hē mángguǒzhī.
나는 망고 주스를 마셔.

**雪碧**
Xuěbì

我喝雪碧。
Wǒ hē Xuěbì.
나는 스프라이트를 마셔요.

## WORDS

拿铁 nátiě 카페라테 | 红茶 hóngchá 홍차 | 芒果汁 mángguǒzhī 망고 주스 | 雪碧 Xuěbì 스프라이트[사이다와 비슷한 음료명]

## 표현해 볼까요?

**3**

### 당신은 + ⬜ + 을(를) 원하시나요(드릴까요)?

Nǐ yào … ma?

你要 ⬜ 吗?

중국어에서 '~이(가) 필요하다', '~을(를) 원하다'는 동사 '要'를 사용합니다. 어떤 음료를 마실 것인지 물어볼 때 '要……吗?' 구문을 사용할 수 있습니다.

| | |
|---|---|
| 热的 <sup>Tip</sup><br>rè de | 你要热的吗?<br>Nǐ yào rè de ma?<br>(당신께) 따뜻한 것으로 드릴까요? |
| 凉的<br>liáng de | 你要凉的吗?<br>Nǐ yào liáng de ma?<br>(당신은) 시원한 것 원하세요? |
| 冰的<br>bīng de | 你要冰的吗?<br>Nǐ yào bīng de ma?<br>(당신께) 차가운 것으로 드릴까요? |
| 常温的<br>chángwēn de | 你要常温的吗?<br>Nǐ yào chángwēn de ma?<br>(당신께) 상온의 것으로 드릴까요? |

**어법 Tip** 조사 '的'는 형용사 뒤에서 '~한 것'과 같이 형용사를 명사화하는 역할을 합니다.

### WORDS

要 yào 원하다, 필요하다 | 热 rè 뜨겁다, 따뜻하다 | 的 de ~한 것 | 凉 liáng 시원하다 | 冰 bīng 차다 | 常温 chángwēn 상온

**4**

나는 + + 원해요(주세요).

Wǒ yào … .

我要 。

앞의 표현③에서 연습한 구문에 대한 답으로, 답할 때도 마찬가지로 동사 '要'를 사용하여 원하는 내용을 표현합니다. 반복 연습을 통해 자연스럽게 말해 봅니다.

热的
rè de

我要热的。
Wǒ yào rè de.
(저에게) 따뜻한 것으로 주세요.

凉的
liáng de

我要凉的。
Wǒ yào liáng de.
(저는) 시원한 것을 원해요.

冰的
bīng de

我要冰的。
Wǒ yào bīng de.
(저는) 차가운 것으로 주세요.

常温的
chángwēn de

我要常温的。
Wǒ yào chángwēn de.
(저는) 상온의 것으로 주세요.

🎧 **06 – 06**  한국어 해석 160쪽

**A** 你喝什么咖啡?
Nǐ hē shénme kāfēi?

**B** 我喝拿铁。
Wǒ hē nátiě.

**A** 你要热的吗?
Nǐ yào rè de ma?

**B** 我要热的。
Wǒ yào rè de.

**A** 你还①要什么?
Nǐ hái yào shénme?

**B** 不要了。谢谢②。
Bú yào le. Xièxie.

① **어법 Tip** '还'는 '또', '더'라는 뜻으로, 동사 앞에서 부사로 쓰여요.

② **표현 Tip** '谢谢'는 '감사합니다'라는 뜻이에요. 좀 더 정중하게 표현할 때는 존칭을 나타내는 '您 nín(당신)'을 써서 '谢谢您 xièxie nín'이라 해도 좋아요.

#### WORDS

还 hái 또, 더  |  不……了 bù … le (이제는) ~아니다, 않다[여기서 '了'는 변화를 나타내는 어기조사임]  |  谢谢 xièxie 감사합니다, 고맙습니다

## 연습해 볼까요?

**1** 녹음을 듣고 빈칸에 들어갈 알맞은 단어를 고르세요.  🎧 **06 – 07** 정답 160쪽

凉的

茶

红茶

热的

(1) A: 你喝什么 ______ ?

　　B: 我喝 ______ 。

(2) A: 你要 ______ 吗?

　　B: 我要 ______ 。

**2** 주어진 중국어 표현을 알맞게 연결하여 대화를 완성하세요.

(1) 你喝什么咖啡? ●　　　　　● a 我要芒果汁。

(2) 你要热的吗? ●　　　　　● b 我喝拿铁。

(3) 你喝什么果汁? ●　　　　　● c 我要热的。

**3** 다음을 올바르게 배열하여 문장을 완성하세요.

(1) 너 무슨 과일 주스 마실래?

什么 / 果汁 / 喝 / 你

➜ ______________________

(2) 상온의 것으로 주세요.

我 / 常温的 / 要

➜ ______________________

(3) 뭐가 더 필요해요?

你 / 要 / 什么 / 还

➜ ______________________

## 마실 것

🎧 06 - 08

**矿泉水**
kuàngquánshuǐ
생수

**牛奶**
niúnǎi
우유

**酸奶**
suānnǎi
요구르트

**豆奶**
dòunǎi
두유

**美式咖啡**
Měishì kāfēi
아메리카노

**摩卡**
mókǎ
모카

**卡布奇诺**
kǎbùqínuò
카푸치노

**香草拿铁**
xiāngcǎo nátiě
바닐라 라테

**绿茶**
lùchá
녹차

**普洱茶**
pǔ'ěrchá
보이차

**珍珠奶茶**
zhēnzhū nǎichá
버블 밀크티

**酸梅汤**
suānméitāng
쑤안메이탕

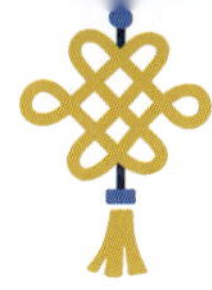

🎧 06 - 09

패스트푸드 음식점이나 카페에서 음식이나 음료를 주문하면 카운터에 계신 분이 꼭 확인하는 말이 있습니다. '**테이크아웃 하시나요? 여기서 드시나요?**'입니다. 중국어로 '**테이크아웃 할게요(가져갈게요).**' 또는 '**여기서 먹을게요.**'라는 말은 어떻게 표현할까요? 익혀두시면 도움이 되실 겁니다.

| 테이크아웃 하시나요? | 带走吗? | Dàizǒu ma? |
| | 打包吗? | Dǎbāo ma? |
| 테이크아웃 할게요. | 带走。 | Dàizǒu. |
| | 打包。 | Dǎbāo. |
| 여기서 드시나요? | 在这儿吃吗? | Zài zhèr chī ma? |
| 여기서 먹을게요. | 在这儿吃。 | Zài zhèr chī. |

**WORDS**

带 dài 지니다, 가지다 ｜ 走 zǒu 가다, 떠나다 ｜ 打包 dǎbāo 포장하다 ｜ 在 zài ~에, ~에서 ｜ 这儿 zhèr 여기

# 7 상하이 Day2
## 上海 Shànghǎi

*** 학습 목표**

**1** 동작의 순서에 따라 표현하기

我们去看……。

我去逛……。

今天去吃……。

明天去玩儿……。

# 상하이 여행 2박 코스

**📍 2일차** 신톈디 – 톈즈팡 – 루쉰 꽁위엔 – 디즈니(랜드)

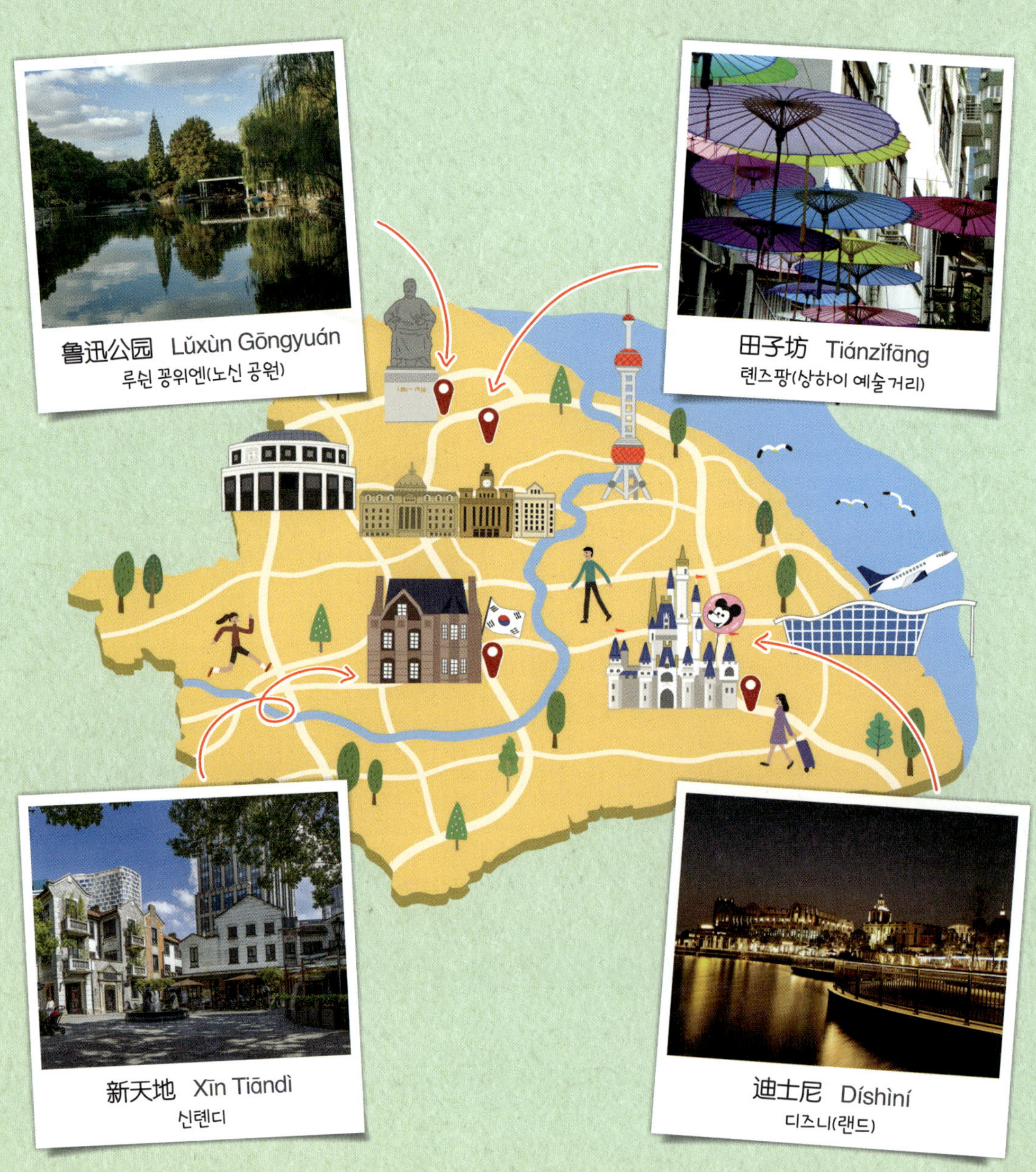

신톈디 골목 풍경

상하이 신톈디(新天地)에 가면 과거 독립운동 시기에 지어졌던 대한민국 임시정부청사 유적지(临时政府旧址 Línshí Zhèngfǔ Jiùzhǐ)를 볼 수 있다. 3·1 운동 이후 일본 통치에 조직적으로 항거하기 위하여 설립된 대한민국 임시정부의 청사 모습을 구현했다. 이외에도 신톈디는 쇼핑 거리로도 유명하다.

루쉰 꽁위엔(鲁迅公园)에는 중국의 대표적인 현대소설 작가 루쉰의 기념관이 있다. 루쉰은 『아큐정전(阿Q正传 Ā Q Zhèngzhuàn)』, 『광인 일기(狂人日记 Kuángrén Rìjì)』 등을 쓴 중국의 대표 작가로, 중국인에게 매우 익숙한 인물이다. 또한 이곳은 윤봉길 의사가 폭탄을 던진 곳으로, 우리나라 사람들에겐 가슴 아픈 역사가 담긴 장소이기도 하다. 해변과 연결되어 있어 따사로운 햇살에 반사되는 바다도 함께 구경할 수 있다.

공원 안의 루쉰 동상

톈즈팡 가게의 찻잎

상하이 푸동의 촨샤(川沙 Chuānshā) 신도시에 위치한 상하이 디즈니 리조트는 3.9㎢ 면적의 아시아 최대 테마파크이다. 디즈니(迪士尼)는 2016년 6월 16일에 개장했으며, 세계 유일 주토피아 테마존이 있다. 저녁에는 화려한 퍼레이드와 불꽃놀이를 볼 수 있다. 이외에도 톈즈팡(田子坊)에 가면 찻잎이나 핸드크림같은 기념품을 사기 좋다.

**1**



우리는 　　　　　을(를) + 보러 가요.

Wǒmen qù kàn ⋯ .

我们去看 　　　　　。

중국어로 '~을(를) 보러 가요.'라는 표현을 할 때, 동작의 순서에 따라 말해야 합니다. 어떤 곳을 구경할 때 그곳에 먼저 가서(去) 대상을 봐야(看)하므로 동작이 이루어지는 순서대로 표현하면 됩니다. 상하이의 여러 장소를 넣어 표현해 봅니다.

临时政府旧址
Línshí Zhèngfǔ Jiùzhǐ

我们去看临时政府旧址。
Wǒmen qù kàn Línshí Zhèngfǔ Jiùzhǐ.
우리는 (대한민국) 임시정부청사 유적지를 보러 갑니다.

田子坊
Tiánzǐfāng

我们去看田子坊。
Wǒmen qù kàn Tiánzǐfāng.
우리는 톈즈팡을 보러 가요.

东方明珠
Dōngfāng Míngzhū

我们去看东方明珠。
Wǒmen qù kàn Dōngfāng Míngzhū.
우리는 동팡밍주를 보러 가요.

鲁迅公园
Lǔxùn Gōngyuán

我们去看鲁迅公园。
Wǒmen qù kàn Lǔxùn Gōngyuán.
우리는 루쉰 꽁위엔을 보러 가요.

**WORDS**

看 kàn 보다 ｜ 临时政府旧址 Línshí Zhèngfǔ Jiùzhǐ (대한민국) 임시정부청사 유적지 ｜ 田子坊 Tiánzǐfāng 톈즈팡(상하이 예술 거리) ｜ 东方明珠 Dōngfāng Míngzhū 동팡밍주(동방명주) ｜ 鲁迅公园 Lǔxùn Gōngyuán 루쉰 꽁위엔(노신 공원)

## 2

나는 ______ + 을(를) + 구경하러 가요.

Wǒ qù guàng … .

我去逛 ______ 。

여러 가지 장소를 해당 위치에 넣어 어떤 곳을 구경하러 가는지 표현해 봅니다. 중국어에서 '구경하다, 한가롭게 거닐다'라고 할 때 동사 '逛'을 사용하므로, '나는 어떤 장소를 구경하러 가요.'라고 할 때 '我 去逛……'이라고 합니다.

豫园
Yùyuán

我去逛豫园。
Wǒ qù guàng Yùyuán.
나는 위위엔을 구경하러 갑니다.

新天地
Xīn Tiāndì

我去逛新天地。
Wǒ qù guàng Xīn Tiāndì.
나는 신톈디를 구경하러 가요.

南京路
Nánjīng Lù

我去逛南京路。
Wǒ qù guàng Nánjīng Lù.
나는 난징루를 구경하러 가요.

外滩
Wàitān

我去逛外滩。
Wǒ qù guàng Wàitān.
나는 와이탄을 구경하러 가요.

## WORDS

逛 guàng 구경하다, 한가롭게 거닐다 | 豫园 Yùyuán 위위엔(예원) | 新天地 Xīn Tiāndì 신톈디 | 南京路 Nánjīng Lù 난징루(난징 로드) | 外滩 Wàitān 와이탄

# 표현해 볼까요?

**3**

오늘 + [ ] + 을(를) 먹으러 가요.

Jīntiān qù chī ⋯⋯.

今天去吃 [ ] 。

여러 가지 먹거리를 해당 위치에 넣어 어떤 것을 먹으러 가는지 표현해 봅시다. '오늘 어떤 것을 먹으러 가다.'라고 할 때 '今天去吃……。'라고 하면 됩니다. 반복하여 연습해 봅니다.

| | |
|---|---|
|  **小笼包** <br> xiǎolóngbāo | 今天去吃小笼包。<br>Jīntiān qù chī xiǎolóngbāo.<br>오늘 샤오롱바오를 먹으러 갑니다. |
|  **麻辣龙虾** <br> málà lóngxiā | 今天去吃麻辣龙虾。<br>Jīntiān qù chī málà lóngxiā.<br>오늘 마라롱샤를 먹으러 가요. |
|  **生煎** <br> shēngjiān | 今天去吃生煎。<br>Jīntiān qù chī shēngjiān.<br>오늘 성젠을 먹으러 가. |
|  **牛轧糖** <br> niúzhátáng | 今天去吃牛轧糖。<br>Jīntiān qù chī niúzhátáng.<br>오늘 뉴쟈탕(누가 사탕)을 먹으러 가요. |

## WORDS

小笼包 xiǎolóngbāo 샤오롱바오[중국식 만두, 다진 고기를 소맥분의 껍질로 싸서 찜통에 찐 딤섬] ┃ 麻辣龙虾 málà lóngxiā 마라롱샤[중국 향신료가 들어간 매콤한 민물가재 요리] ┃ 生煎 shēngjiān 성젠[중국식 만두, 바닥은 노릇하게 구워서 바삭하고 윗부분은 찌듯이 익혀서 촉촉한 만두] ┃ 牛轧糖 niúzhátáng 뉴쟈탕(누가 사탕)[쫀득한 우유맛 사탕, niúgátáng이라고도 함]

## 4

### 내일 [          ] 에 (~하러) + 놀러 가요.

**Míngtiān qù wánr … .**

**明天去玩儿 [          ] 。**

다양한 장소 또는 놀거리를 해당 위치에 넣어 어떤 곳에 놀러 가는지, 무엇을 하려고 놀러 가는지를 표현해 봅니다. 중국어로는 '去玩儿……。'이라고 합니다.

---

**迪士尼**
Díshìní

**Tip**
明天去玩儿迪士尼。
Míngtiān qù wánr Díshìní.
내일 디즈니에 놀러 가요.

---

**漂流**
piāoliú

明天去玩儿漂流。
Míngtiān qù wánr piāoliú.
내일 래프팅하러 (놀러) 갑니다.

---

**过山车**
guòshānchē

明天去玩儿过山车。
Míngtiān qù wánr guòshānchē.
내일 롤러코스터 타러 (놀러) 가.

---

**旋转木马**
xuánzhuǎn mùmǎ

明天去玩儿旋转木马。
Míngtiān qù wánr xuánzhuǎn mùmǎ.
내일 회전목마 타러 (놀러) 가요.

---

**표현 Tip** '明天去迪士尼玩儿。'이라 말해도 돼요.

### WORDS

迪士尼 Díshìní 디즈니(랜드) | 漂流 piāoliú 래프팅 | 过山车 guòshānchē 롤러코스터 | 旋转木马 xuánzhuǎn mùmǎ 회전목마

🎧 **07 – 06**  한국어 해석 161쪽

**A** 今天去哪儿？
Jīntiān qù nǎr?

**B** 今天去玩儿迪士尼。
Jīntiān qù wánr Díshìní.

**A** 你去玩儿什么？
Nǐ qù wánr shénme?

**B** 我去玩儿漂流，过山车。
Wǒ qù wánr piāoliú, guòshānchē.

**A** 今天晚上去吃什么？
Jīntiān wǎnshang qù chī shénme?

**B** 我们去吃小笼包吧。
Wǒmen qù chī xiǎolóngbāo ba.

**어법 Tip** 어기조사 '吧 ba'는 '~하자', '~하는 게 어때?'처럼 부드러운 어투를 나타낼 때 문장 끝에서 사용해요.

**WORDS**

吧 ba 문장 끝에서 제안·권유·추측의 뜻을 나타냄

## 연습해 볼까요?

**1** 녹음을 듣고 빈칸에 들어갈 알맞은 단어를 고르세요.  07 - 07  정답 161쪽

东方明珠

生煎

晚上

逛

(1) A: 今天去哪儿?

　　B: 上午去 ＿＿＿＿ 南京路。

　　　　下午去看 ＿＿＿＿ 。

(2) A: 今天 ＿＿＿＿ 去吃什么?

　　B: 今天去吃 ＿＿＿＿ 。

**2** 주어진 중국어 표현을 알맞게 연결하여 대화를 완성하세요.

(1) 你们去吃什么?　　•

(2) 今天去哪儿?　　•

(3) 你去玩儿什么?　　•

　　• a 我去玩儿旋转木马。

　　• b 我们去吃麻辣龙虾。

　　• c 今天去逛外滩。

**3** 다음을 올바르게 배열하여 문장을 완성하세요.

(1) 내일 디즈니에 놀러 가요.

明天 / 迪士尼 / 玩儿 / 去　→ ＿＿＿＿＿＿＿＿＿＿＿＿

(2) 나는 위위엔(예원)에 구경하러 가요.

去 / 豫园 / 逛 / 我　→ ＿＿＿＿＿＿＿＿＿＿＿＿

(3) 우리는 (대한민국) 임시정부청사 유적지를 보러 가요.

看 / 去 / 我们 / 临时政府旧址　→ ＿＿＿＿＿＿＿＿＿＿＿＿

## 술(酒 jiǔ)

### 红酒
**hóngjiǔ**

와인

### 啤酒
**píjiǔ**

맥주

### 白酒
**báijiǔ**

바이주(백주)

### 米酒
**mǐjiǔ**

막걸리

### 高粱酒
**gāoliangjiǔ**

고량주

### 茅台酒
**Máotáijiǔ**

마오타이주

### 二锅头
**Èrguōtóu**

얼궈터우(이과두주)

### 水井坊
**Shuǐjǐngfáng**

쉐이징팡(수정방)

### 女儿红
**Nǚ'érhóng**

뉘얼홍(여아홍주)

### 五粮液
**Wǔliángyè**

우량예(오량액)

### 黄酒
**Huángjiǔ**

황주

### 烟台高粱酒
**Yāntái gāoliangjiǔ**

옌타이(연태)고량주

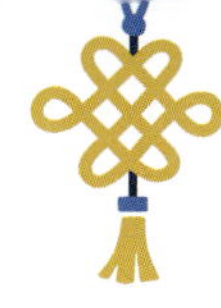

🎧 07 - 09

중국어로 '**건배!**'는 어떻게 말할까요? 바로 '干杯(gānbēi)!'라고 합니다. 글자 하나씩 보면 '干(깨끗이 비우다)', '杯(잔)', 즉 '干杯(잔을 비우다)'라는 의미입니다. 중국에서는 회식 자리나 친목 도모를 위한 술자리에서 '**우리의 우정을 위하여 건배!**'라는 말도 자주 사용합니다. 현지인처럼 술자리에서 한번 외쳐 보면 어떨까요?

| | | |
|---|---|---|
| 건배! | 干杯! | Gānbēi! |
| 우리의 우정을 위하여 건배! | 为我们的友谊干杯! | Wèi wǒmen de yǒuyì gānbēi! |
| 모두의 건강을 위하여 건배! | 为大家的健康干杯! | Wèi dàjiā de jiànkāng gānbēi! |

**WORDS**

干杯 gānbēi 건배, 잔을 비우다 ㅣ 为 wèi ~을(를) 위하여 ㅣ 友谊 yǒuyì 우정 ㅣ 健康 jiànkāng 건강

8
항저우
杭州 Hángzhōu

## ★ 학습 목표

**1** 연동문 구조로 표현하기  你坐什么去……? / 我坐……去。

**2** 방법이나 수단 묻기  你怎么去……?

**3** '타다'의 두 가지 표현 배우기  坐 / 骑

# 오늘의 랜드마크

## 항저우 여행 1박 코스

**📍 1일차** 시후-레이펑타-청황거-송청

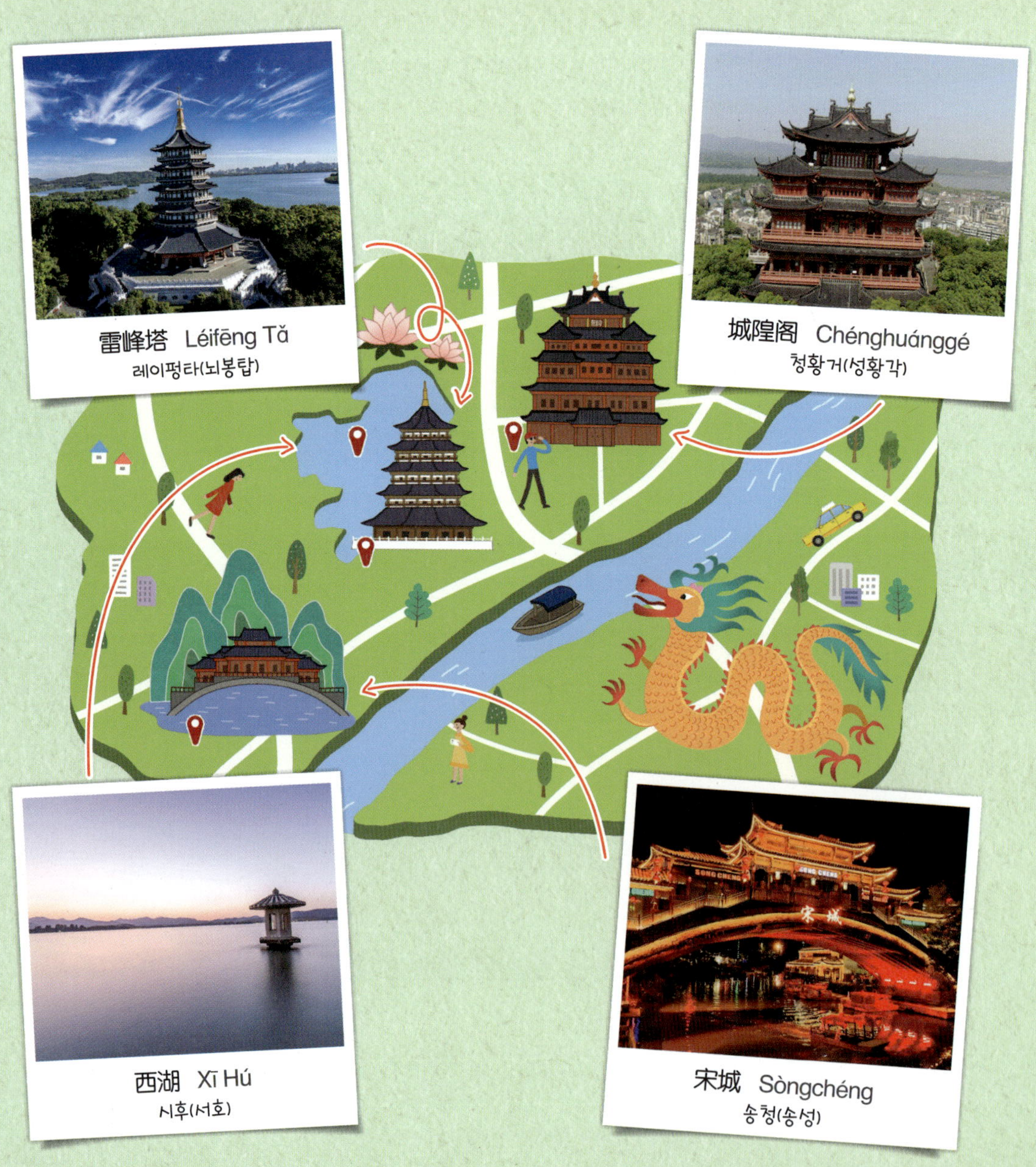

항저우는 중국 저장성(浙江省 Zhèjiāng Shěng)(절강성)의 성도로, 상하이 남서쪽 첸탕강(钱塘江 Qiántáng Jiāng) 연변에 위치한다. 이곳은 연평균 기온이 16.3℃인 아열대 계절풍 기후 지역으로, 혹한이 없으면서도 계절별 특색이 뚜렷하다. 3월 하순에는 줄곧 비가 내리지만, 이 또한 항저우의 경치와 어우러져 특유의 정취를 느낄 수 있다.

시후(西湖)와 그 주변의 구릉은 중국의 대표적인 경승지이다. 시후 근처에는 중국 항저우의 대표적인 고대 불교 사찰이자 중국 10대 불교 사원 중에 하나인 링인스(灵隐寺 Língyǐn Sì)(영은사)가 있다. 해질녘 시후 수면에 비치는 레이펑타(雷峰塔)의 모습을 보러 가거나, 항저우를 대표하는 전망대인 청황거(城隍阁) 최고층에서 탁 트인 항저우의 모습을 바라보는 것을 추천한다.

항저우의 특산품으로는 비단이 있는데, 그 품질이 좋고 무늬가 화려하여 많은 사람들이 찾는다. 이 외에도 항저우의 롱징(龙井 Lóngjǐng) 마을에서 생산되는 롱징차는 맛이 부드럽고 향긋하여 중국을 대표하는 특산품이기도 하다. 또한 항저우에서는 다양한 공연도 즐길 수 있다. 항저우에 전해 내려오는 전설 『백사전(白蛇传 Báishézhuàn)』 이야기를 담은 「인상 시후(印象西湖 Yìnxiàng Xī Hú)」 공연과 테마파크이자 공연장이 있는 송청(宋城)의 송청가무쇼가 유명하다.

항저우의 특산품 비단

『백사전』목조 작품

## 표현해 볼까요?

**1**

당신은 무엇을 타고 ＿＿＿＿ (으)로 가나요?

Nǐ zuò shénme qù … ?

你坐什么去 ＿＿＿＿ ?

중국어는 한 개의 주어에 두 개 이상의 동사(구)가 연이어 나오는 경우가 있습니다. 이를 연동문이라 합니다. 기본 구조는 '주어 + 동사1 + (목적어1) + 동사2 + (목적어2)'입니다. 동사(구)의 순서는 일반적으로 사건이 발생하는 순서에 따라 배열합니다. 의미상 앞의 동사(구)가 뒤의 동사(구)의 수단 또는 방식을 나타내기도 합니다.

杭州
Hángzhōu

你坐什么去杭州?
Nǐ zuò shénme qù Hángzhōu?
당신은 무엇을 타고 항저우로 가나요?

苏州
Sūzhōu

你坐什么去苏州?
Nǐ zuò shénme qù Sūzhōu?
당신은 무엇을 타고 쑤저우로 가나요?

北京
Běijīng

你坐什么去北京?
Nǐ zuò shénme qù Běijīng?
당신은 무엇을 타고 베이징으로 가나요?

西安
Xī'ān

你坐什么去西安?
Nǐ zuò shénme qù Xī'ān?
당신은 무엇을 타고 시안으로 가나요?

### WORDS

坐 zuò (자동차 · 버스 · 배 · 비행기 등을) 타다, 앉다 ｜ 杭州 Hángzhōu 항저우 ｜ 苏州 Sūzhōu 쑤저우

## 2

나는 + _______ 을(를) 타고 가요.

Wǒ zuò　…　qù.

我坐 _______ 去。

앞의 표현①에서 연습한 구문에 대한 답으로, 답할 때 '什么' 자리에 교통수단을 넣어서 원하는 내용을 표현합니다. 앞의 동사구 '坐……'는 뒤의 동사 '去'의 수단 또는 방식을 나타냅니다.

高铁
gāotiě

我坐高铁去。
Wǒ zuò gāotiě qù.
나는 고속철도를 타고 가요.

火车
huǒchē

我坐火车去。
Wǒ zuò huǒchē qù.
나는 기차를 타고 가요.

长途汽车
chángtú qìchē

我坐长途汽车去。
Wǒ zuò chángtú qìchē qù.
나는 고속버스를 타고 가.

飞机
fēijī

我坐飞机去。
Wǒ zuò fēijī qù.
나는 비행기를 타고 가요.

**WORDS**

高铁(高速铁路) gāotiě(gāosù tiělù) 고속철도 ｜ 火车 huǒchē 기차 ｜ 长途汽车 chángtú qìchē 고속버스 ｜ 飞机 fēijī 비행기

**3**



당신은 어떻게 + ⬜⬜⬜ 에 가나요?

Nǐ zěnme qù … ?

你怎么去 ⬜⬜ ?

중국어 의문대사 '怎么'는 '어떻게'라는 뜻으로, 방법이나 수단을 물을 때 사용합니다. 방법이나 수단을 나타내는 부분을 '怎么'로 바꿔 주면 의문문이 됩니다.

**超市**
chāoshì

你怎么去超市?
Nǐ zěnme qù chāoshì?
당신은 어떻게 마트에 가나요?

**酒店**
jiǔdiàn

你怎么去酒店?
Nǐ zěnme qù jiǔdiàn?
당신은 어떻게 호텔에 가나요?

**市场**
shìchǎng

你怎么去市场?
Nǐ zěnme qù shìchǎng?
당신은 어떻게 시장에 가나요?

**机场**
jīchǎng

你怎么去机场?
Nǐ zěnme qù jīchǎng?
당신은 어떻게 공항에 가나요?

**WORDS**

怎么 zěnme 어떻게　|　超市 chāoshì 마트　|　酒店 jiǔdiàn 호텔　|　市场 shìchǎng 시장　|　机场 jīchǎng 공항

## 4

나는 + [          ] 을(를) 타고 가요.

Wǒ zuò(qí)　…　qù.

我坐(骑) [     ] 去。

앞의 표현③에서 연습한 구문에 대한 답으로, 답할 때 '怎么' 자리에 원하는 교통수단을 넣어 표현할 수 있습니다. 자동차 · 버스 · 배 · 비행기 · 지하철 등을 탈 때는 '坐'를 쓰고, 자전거 · 오토바이 · 말 등을 탈 때는 '骑'를 씁니다.

出租车
chūzūchē

我坐出租车去。
Wǒ zuò chūzūchē qù.
나는 택시를 타고 가요.

公交车
gōngjiāochē

我坐公交车去。
Wǒ zuò gōngjiāochē qù.
나는 버스를 타고 가요.

地铁
dìtiě

我坐地铁去。
Wǒ zuò dìtiě qù.
나는 지하철을 타고 가요.

自行车
zìxíngchē

我骑自行车去。
Wǒ qí zìxíngchē qù.
나는 자전거를 타고 가요.

## WORDS

骑 qí (자전거 · 말 · 오토바이 등을) 타다　|　出租车 chūzūchē 택시　|　公交车 gōngjiāochē 버스　|　地铁 dìtiě 지하철　|　自行车 zìxíngchē 자전거

08 – 06　한국어 해석 161쪽

**A** 我们坐什么去杭州?
Wǒmen zuò shénme qù Hángzhōu?

**B** 我们坐高铁去。
Wǒmen zuò gāotiě qù.

**A** 怎么去高铁站?
Zěnme qù gāotiě zhàn?

**B** 坐地铁去。
Zuò dìtiě qù.

**A** 杭州远吗?
Hángzhōu yuǎn ma?

**B** 不远，很近。
Bù yuǎn, hěn jìn.

**문화 Tip** 중국은 고속철도(高铁)가 매우 발달하여 도시간 이동 시 비행기보다 고속철도를 자주 이용해요. 중국인에게 고속철도로 약 45~60분 정도의 거리는 '멀지 않은, 가까운' 곳에 속해요.

### WORDS

站 zhàn 역 ｜ 远 yuǎn 멀다 ｜ 近 jìn 가깝다

## 연습해 볼까요?

**1** 녹음을 듣고 빈칸에 들어갈 알맞은 단어를 고르세요.  08 - 07 정답 161쪽

飞机

自行车

西安

超市

(1) A: 你坐什么去 ______ ?

B: 我坐 ______ 去。

(2) A: 你怎么去 ______ ?

B: 我骑 ______ 去

**2** 주어진 중국어 표현을 알맞게 연결하여 대화를 완성하세요.

(1) 你怎么去市场? •       • a 不远，很近。

(2) 我们坐什么去苏州? •       • b 我们坐高铁去。

(3) 杭州远吗? •       • c 我骑自行车去。

**3** 다음을 올바르게 배열하여 문장을 완성하세요.

(1) 나는 버스를 타고 가요.

公交车 / 去 / 坐 / 我

→ ________________________________

(2) 당신은 무엇을 타고 베이징으로 가나요?

你 / 什么 / 去 / 北京 / 坐

→ ________________________________

(3) 당신은 어떻게 호텔로 가나요?

怎么 / 去 / 酒店 / 你

→ ________________________________

## 교통 시설

**地铁站**
*dìtiě zhàn*
지하철역

**公交车站**
*gōngjiāochē zhàn*
버스정류장

**高铁站**
*gāotiě zhàn*
고속철도역

**火车站**
*huǒchē zhàn*
기차역

**换乘站**
*huànchéng zhàn*
환승역

**长途汽车站**
*chángtú qìchē zhàn*
고속버스 터미널

**机场**
*jīchǎng*
공항

**码头**
*mǎtóu*
부두

**地铁一号线**
*dìtiě yī hào xiàn*
지하철 1호선

**地铁二号线**
*dìtiě èr hào xiàn*
지하철 2호선

**游船**
*yóuchuán*
유람선

**缆车**
*lǎnchē*
케이블카

🎧 08 - 09

쑤저우와 항저우는 풍경이 아름답고 자연 산물이 풍부하여 유람하거나 생활하기 매우 좋습니다. 예로부터 쑤저우와 항저우의 이러한 아름다움, 그리고 넉넉함을 천당에 비유하는 아주 유명한 글귀가 있습니다. 바로 **'하늘에는 천당이 있고, 땅에는 쑤저우와 항저우가 있다.'**라는 말입니다. 중국에서 가장 아름다운 도시로 꼽히는 쑤저우와 항저우를 여행하면서 자연스럽게 표현해 보세요. 멋진 자연환경을 바라보며 이 글귀를 외치면 현지인도 놀랄 거예요!

| | |
|---|---|
| 하늘에는 천당이 있고<br>땅에는 쑤저우와 항저우가 있다. | 上有天堂，下有苏杭。 Shàng yǒu tiāntáng, xià yǒu SūHáng. |

## WORDS

上 shàng 위, 하늘[비유] ｜ 有 yǒu 있다 ｜ 天堂 tiāntáng 천당 ｜ 下 xià 아래, 땅[비유] ｜ 苏杭(苏州·杭州) SūHáng(Sūzhōu·Hángzhōu) 쑤저우와 항저우

9
쑤저우
苏州 Sūzhōu

09 MP3



✷ 학습 목표

1 날씨 묻고 대답하기   天气怎么样?

2 다양한 날씨 표현하기

# 오늘의 랜드마크

## 쑤저우 여행 1박 코스

📍 **1일차** 링산다포 – 줘정위엔 – 산탕제 – 진지후

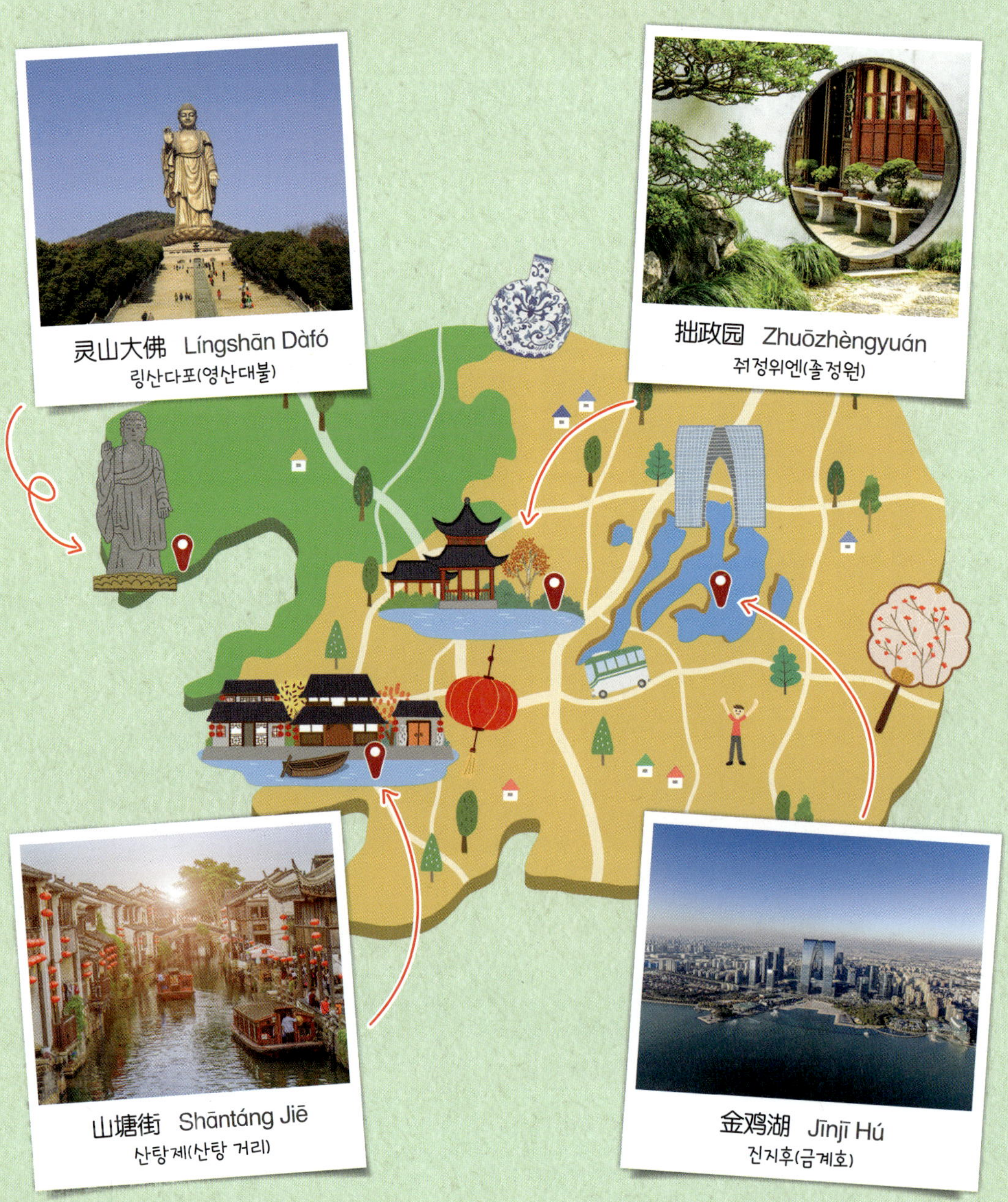

쑤저우는 예로부터 춘추전국시대(春秋战国时代 Chūnqiū Zhànguó Shídài)에 오(吳 Wú)나라의 국도로 발전하였고, 그 후 주변 지역의 행정 중심지가 되었다. 수(隋 Suí)나라 때 대운하가 개통되자 강남(江南 Jiāngnán) 쌀의 수송지로 활기를 띤 쑤저우는 항저우(杭州)와 더불어 '천상천당, 지하소항(天上天堂, 地下苏杭)', 즉 '하늘에는 천당이 있고, 땅에는 쑤저우와 항저우가 있다'라고 불릴 정도로 번영하였다. 쑤저우는 아열대성 기후를 띠기 때문에 여름에는 덥고 습하며 겨울에는 춥고 구름이 많다. 따라서 봄·가을, 특히 꽃이 피기 시작하는 4~5월에 여행하는 것이 가장 좋다. 비단과 부채, 악기 등 다양한 수공예품으로 유명하고, 재스민차의 원류가 되는 곳이기도 하다.

수로와 운하, 정원 문화가 발달한 쑤저우는 '물의 도시', '정원의 도시'라고 불린다. 역사적으로 쑤저우는 지주(地主) 문화가 발달한 곳으로, 관직에서 물러난 관료들이 쑤저우 문화의 주체가 되었다. 그들이 꾸민 정원 중에서도 쮀정위엔(拙政园)의 풍경은 한 폭의 그림 같아 사계절 언제 가도 아름답다. 진지후(金鸡湖)에서는 바지 모양의 동방지문(东方之门 Dōngfāng zhī Mén)이 보이는데, 현대적인 쑤저우의 매력을 느낄 수 있다. 쑤저우가 왜 동양의 베니스라 불리는지 궁금하다면 저녁 홍등이 켜진 산탕제(山塘街)의 운하 거리를 걸어 보자. 이외에도 쑤저우에서 조금 떨어진 장쑤성(江苏省 Jiāngsū Shěng)(강소성)의 우시(无锡 Wúxī)에는 88m에 달하는 거대한 청동 불상인 링산다포(灵山大佛)가 있다. 이곳에서 많은 여행객이 불상의 발을 만지며 소원을 빈다.

그림 같은 쮀정위엔의 풍경

링산다포의 발가락

## 표현해 볼까요?

**1**

　　　　　　은(는) 날씨가 어떤가요?

…　　tiānqì zěnmeyàng?

　　　　　　天气怎么样?

날씨가 어떠한지를 물을 때 '怎么样'을 이용하여 '……天气怎么样?'이라고 표현합니다. 아래의 사계절 단어를 넣어 연습해 봅니다.

| | | |
|---|---|---|
|  | 春天<br>chūntiān | 春天天气怎么样?<br>Chūntiān tiānqì zěnmeyàng?<br>봄은 날씨가 어떤가요? |
|  | 夏天<br>xiàtiān | 夏天天气怎么样?<br>Xiàtiān tiānqì zěnmeyàng?<br>여름은 날씨가 어떤가요? |
|  | 秋天<br>qiūtiān | 秋天天气怎么样?<br>Qiūtiān tiānqì zěnmeyàng?<br>가을은 날씨가 어떤가요? |
| | 冬天<br>dōngtiān | 冬天天气怎么样?<br>Dōngtiān tiānqì zěnmeyàng?<br>겨울은 날씨가 어떤가요? |

### WORDS

天气 tiānqì 날씨 ｜ 怎么样 zěnmeyàng 어떠한가 ｜ 春天 chūntiān 봄 ｜ 夏天 xiàtiān 여름 ｜ 秋天 qiūtiān 가을 ｜
冬天 dōngtiān 겨울

## 2

비교적 　　　　 해요.

bǐjiào 　…　 .

比较 　　　　 。

표현①에 대한 대답으로, 날씨를 표현할 때 정도부사 '比较'와 날씨 관련 형용사를 이용해 '비교적 ~하다'로 표현할 수 있습니다. 날씨의 상태를 표현하는 단어를 넣어 연습해 봅니다.

| | | |
|---|---|---|
| | 干<br>gān | 春天比较干。<br>Chūntiān bǐjiào gān.<br>봄은 비교적 건조해요. |
| | 热<br>rè | 夏天比较热。<br>Xiàtiān bǐjiào rè.<br>여름은 비교적 덥습니다. |
| | 凉<br>liáng | 秋天比较凉。<br>Qiūtiān bǐjiào liáng.<br>가을은 비교적 서늘해요. |
| | 冷<br>lěng | 冬天比较冷。<br>Dōngtiān bǐjiào lěng.<br>겨울은 비교적 추워요. |

### WORDS

比较 bǐjiào 비교적 ｜ 干 gān 건조하다 ｜ 热 rè 덥다 ｜ 凉 liáng 서늘하다 ｜ 冷 lěng 춥다

**3**



오늘 　　　 하나요 (하지 않나요)?

Jīntiān  …  bu / méi  …  ?

今天 　　　 不/没 　　　 ?

앞서 '~입니까, 아닙니까?'와 같은 방식으로 만드는 의문문을 정반의문문이라 했습니다. 일음절 동사의 정반의문문 기본형은 '동사술어 + 不 + 동사술어?'입니다. 동사가 '有'라면 '有没有'로 표현합니다. 동사 뒤에 목적어가 있다면, '동사술어 + 不 + 동사술어 + 목적어' 또는 '有没有 + 목적어'로 씁니다.

下雨
xià yǔ

今天下不下雨?
Jīntiān xià bu xià yǔ?
오늘 비가 와요 (안 와요)?

下雪
xià xuě

今天下不下雪?
Jīntiān xià bu xià xuě?
오늘 눈이 와요 (안 와요)?

刮风
guā fēng

今天刮不刮风?
Jīntiān guā bu guā fēng?
오늘 바람이 불어요 (안 불어요)?

有雾霾
yǒu wùmái

今天有没有雾霾?
Jīntiān yǒu méiyǒu wùmái?
오늘 스모그가 있나요 (없나요)?

**WORDS**

有 yǒu 있다 ㅣ 没有 méiyǒu 없다 ㅣ 下 xià (비·눈 등이) 오다, 내리다 ㅣ 雨 yǔ 비 ㅣ 雪 xuě 눈 ㅣ 刮 guā 불다 ㅣ
风 fēng 바람 ㅣ 雾霾 wùmái 스모그, 초미세먼지

## 4

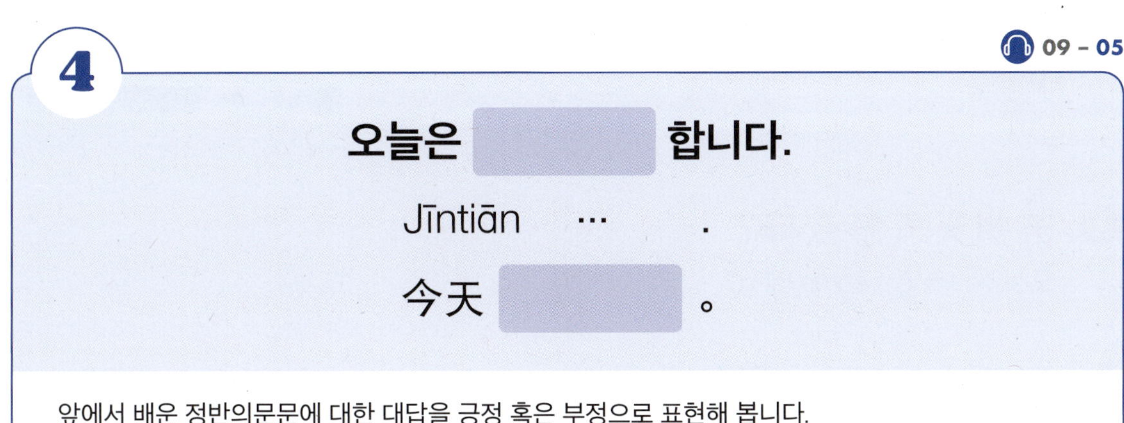


앞에서 배운 정반의문문에 대한 대답을 긍정 혹은 부정으로 표현해 봅니다.

| | | |
|---|---|---|
| 下雨<br>xià yǔ | | 今天**不**下雨。<br>Jīntiān bú xià yǔ.<br>오늘 비(가) 안 와요. |
| 下雪<br>xià xuě | | 今天**不**下雪。<br>Jīntiān bú xià xuě.<br>오늘 눈(이) 안 와요. |
| 刮风<br>guā fēng | | 今天刮风。<br>Jīntiān guā fēng.<br>오늘 바람(이) 불어요. |
| 有雾霾<br>yǒu wùmái | | 今天有雾霾。<br>Jīntiān yǒu wùmái.<br>오늘 스모그(가) 있어요. |

**발음 Tip** 부정을 나타내는 '不 bù'는 뒤에 4성으로 발음하는 글자가 오면 성조가 2성(bú)으로 바뀌어요.

🎧 **09 – 06** 한국어 해석 161쪽

**A** 苏州天气怎么样?
Sūzhōu tiānqì zěnmeyàng?

**B** 春天比较暖和, 夏天非常热。
Chūntiān bǐjiào nuǎnhuo, xiàtiān fēicháng rè.

**A** 苏州冬天下不下雪?
Sūzhōu dōngtiān xià bu xià xuě?

**B** 冬天一般不下雪。
Dōngtiān yìbān bú xià xuě.

**A** 今天天气怎么样?
Jīntiān tiānqì zěnmeyàng?

**B** 今天有点儿冷, 还有雾霾。
Jīntiān yǒudiǎnr lěng, hái yǒu wùmái.

**문화 Tip** 중국 쑤저우는 여름에 매우 덥고 습한 반면, 겨울은 한국에 비해 춥지 않고 눈도 거의 오지 않아요.
중국에서 날씨 이야기를 할 때 '스모그(雾霾)'는 빠질 수 없는 화제예요.

**WORDS**

暖和 nuǎnhuo 따뜻하다  |  一般 yìbān 보통이다, 일반적이다

## 연습해 볼까요?

**1**  녹음을 듣고 빈칸에 들어갈 알맞은 단어를 고르세요.   09 - 07  정답 161쪽

 热    干    凉    冷

(1) A: 春天天气怎么样?
    B: 春天比较 ________。

(2) A: 夏天天气怎么样?
    B: 夏天比较 ________。

(3) A: 秋天天气怎么样?
    B: 秋天比较 ________。

(4) A: 冬天天气怎么样?
    B: 冬天比较 ________。

**2**  주어진 중국어 표현을 알맞게 연결하여 대화를 완성하세요.

(1) 苏州天气怎么样? •           • a 今天有点儿冷，还有雾霾。

(2) 今天下不下雨? •            • b 今天不下雨。

(3) 今天天气怎么样? •          • c 春天比较暖和，夏天非常热。

**3**  다음을 올바르게 배열하여 문장을 완성하세요.

(1) 오늘 스모그가 있나요 (없나요)?
    今天 / 没有 / 雾霾 / 有

    → ________________________________

(2) 오늘 바람(이) 안 불어요.
    风 / 刮 / 不 / 今天

    → ________________________________

## 날씨 표현

**晴天**
qíngtiān
맑은 날

**阴天**
yīntiān
흐린 날

**多云**
duōyún
구름이 많은 날

**小雨**
xiǎoyǔ
가랑비

**暴雨**
bàoyǔ
폭우

**雷阵雨**
léizhènyǔ
소나기

**彩虹**
cǎihóng
무지개

**沙尘暴**
shāchénbào
황사

**大雾**
dàwù
(짙은) 안개

**霜**
shuāng
서리

**冰雹**
bīngbáo
우박

**台风**
táifēng
태풍

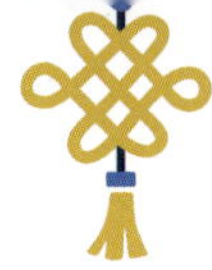

09 - 09

날씨를 한 마디로 나타내는 다양한 표현들이 있습니다. 대한민국 날씨의 특징으로 **'사계절이 분명하다'**와 같은 표현을 자주 사용하고, 또 중국의 남쪽 지방에서는 **'사계절이 봄 같다'**라는 표현도 사용합니다. 더불어 중국에서 가장 더운 도시 네 곳을 가리켜 **'4대 화로'**라고도 표현합니다.

| 사계절이 분명하다 | 四季分明 | sìjì fēnmíng |
| 사계절이 봄 같다 | 四季如春 | sìjì rú chūn |
| **Tip** 4대 화로 | 四大火炉 | sì dà huǒlú |

**문화 Tip** 4대 화로는 여름에 매우 더운 중국 도시인 충칭(重庆 Chóngqìng), 우한(武汉 Wǔhàn), 난징(南京 Nánjīng), 난창(南昌 Nánchāng)을 말해요. 그런데 최근에는 충칭, 푸저우(福州 Fúzhōu), 항저우(杭州 Hángzhōu), 난창을 새로운 4대 화로라고 불러요.

### WORDS

四季 sìjì 사계절 | 分明 fēnmíng 분명하다 | 如 rú ~와(과) 같다 | 火炉 huǒlú 화로

10
장쟈제
张家界 Zhāngjiājiè

1 '언제' 갈지 물어보기  我们什么时候去……?

2 요일 및 날짜 표현하기  ……月……号
星期……

# 오늘의 랜드마크

## 장쟈제 여행 1박 코스

**📍 1일차** 위엔쟈제 – 톈먼산 – 황룽 동쿠 – 바오펑후

'人生不到张家界, 百岁岂能称老翁。 Rénshēng bú dào Zhāngjiājiè, bǎi suì qǐ néng chēng lǎowēng.(사람으로 태어나 장쟈제에 가보지 않았다면, 100세가 되었어도 어찌 늙었다고 할 수 있겠는가.)'라는 말이 있듯이, 중국인들에게 장쟈제(장가계)는 평생에 한 번은 꼭 가 봐야 하는 여행지라고 할 수 있다. 우링(武陵 Wǔlíng)(무릉) 산맥 중앙에 위치한 장쟈제는 자연경관이 뛰어나 1982년 9월 중국 최초의 국가삼림공원으로 지정되었다.

영화 「아바타」의 촬영지로도 잘 알려진 위엔쟈제(袁家界)는 장쟈제 국가삼림공원에 위치한다. 기이하고 아름다운 절경을 자랑하는 위엔쟈제는 규모가 웅장하지만 경사가 완만해서 매일 수많은 관광객들로 붐빈다. 위엔쟈제는 석영사암으로 이루어졌고 두 산봉우리를 연결한 돌다리인 천하제일교(天下第一桥 Tiānxià dì yī Qiáo), 혼을 잃을만큼 아름다운 전망대라는 미훈타이(迷魂台 Míhún Tái)(미혼대), 산책하기 좋은 인공 정원인 허우화위엔(后花园 Hòuhuāyuán)(후화원) 등의 명소가 있다. 위엔쟈제의 백룡 엘리베이터는 100%의 투명유리로 제작된, 세계에서 제일 높은 엘리베이터이다.

장쟈제의 넋이라 불리는 톈먼산(天门山)은 해발고도 약 1,519m의 산으로, 세계 최장 케이블카를 타고 굽이굽이 이어지는 99개의 고갯길을 감상할 수 있다. 아시아 최대의 종유석 동굴인 황롱 동쿠(黄龙洞窟)도 사람들이 자주 찾는 관광지 중 하나이다.

장쟈제의 바오펑후(宝峰湖)는 댐을 쌓아 물을 막아 만든 길이 2.5km, 수심 72m의 인공 호수이다. 아름다운 호수와 그윽한 주위 환경이 어우러져 장쟈제의 경치 중 대표로 꼽힌다.

위엔쟈제의 절경

톈먼산의 세계 최장 케이블카

**1**  10 - 02

우리는 언제 　　　　에 가나요?

Wǒmen shénme shíhou qù … ?

我们什么时候去 　　　　?

'什么时候'는 시간을 묻는 의문사로, 한국어의 '언제'에 해당하고, 문장에서의 위치가 비교적 자유로운 것이 특징입니다. 중국어에서 '우리는 언제 ~에 가나요?'라는 표현을 할 때 '我们什么时候去……?'라고 합니다. 아래 장쟈제의 여러 장소를 넣어 표현해 봅니다.

**袁家界**
Yuánjiājiè

我们什么时候去袁家界?
Wǒmen shénme shíhou qù Yuánjiājiè?
우리는 언제 위엔쟈제에 가나요?

**天门山**
Tiānmén Shān

我们什么时候去天门山?
Wǒmen shénme shíhou qù Tiānmén Shān?
우리는 언제 톈먼산에 가나요?

**黄龙洞窟**
Huánglóng Dòngkū

我们什么时候去黄龙洞窟?
Wǒmen shénme shíhou qù Huánglóng Dòngkū?
우리는 언제 황롱 동쿠에 가나요?

**宝峰湖**
Bǎofēng Hú

我们什么时候去宝峰湖?
Wǒmen shénme shíhou qù Bǎofēng Hú?
우리는 언제 바오펑후에 가나요?

**WORDS**

时候 shíhou 때, 시간 | 袁家界 Yuánjiājiè 위엔쟈제(원가계) | 天门山 Tiānmén Shān 톈먼산(천문산) | 黄龙洞窟 Huánglóng Dòngkū 황롱 동쿠(황룡 동굴) | 宝峰湖 Bǎofēng Hú 바오펑후(보봉호)

## 2

<table>
<tr><td>[　]</td><td>월</td><td>[　]</td><td>일에</td><td>[　]</td><td>에 가요.</td></tr>
</table>

… yuè … hào qù … .

[　] 月 [　] 号去 [　] 。

'몇 월 며칠에 어떤 장소에 가요'라고 할 때 '……月……号去……'라고 합니다. 다양한 날짜를 넣어서 반복 연습해 봅니다.

---

一月一号 <sup>Tip</sup>
yī yuè yī hào

一月一号去袁家界。
Yī yuè yī hào qù Yuánjiājiè.
1월 1일에 위엔쟈제에 가요.

---

三月十号
sān yuè shí hào

三月十号去天门山。
Sān yuè shí hào qù Tiānmén Shān.
3월 10일에 톈먼산에 가요.

---

八月二十号
bā yuè èrshí hào

八月二十号去黄龙洞窟。
Bā yuè èrshí hào qù Huánglóng Dòngkū.
8월 20일에 황롱 동쿠에 가요.

---

十二月二十五号
shí'èr yuè èrshíwǔ hào

十二月二十五号去宝峰湖。
Shí'èr yuè èrshíwǔ hào qù Bǎofēng Hú.
12월 25일에 바오펑후에 가요.

---

**표현 Tip** 중국어의 '号 hào'와 '日 rì'는 모두 '일(day)'을 뜻하지만, 쓰임새가 조금 달라요. '号'는 입말(일상 회화)에서 많이 사용하고, '日'는 글말(문서, 격식있는 표현)에서 더 자주 사용해요.

## WORDS

月 yuè 월 | 号 hào 일, 날['日 rì'도 같은 뜻이지만, 글말에서 더 자주 쓰임] | 八 bā 8, 여덟 | 二十五 èrshíwǔ 25, 스물다섯

**3** 🎧 10 – 04

우리 무슨 요일에 [　　　　] 하나요?

Wǒmen xīngqī jǐ … ?

我们星期几 [　　　　] ?

'几'는 '몇', '얼마'라는 뜻으로, 주로 10미만의 확실하지 않은 수를 물을 때 사용합니다. 중국어로 무슨 요일인지를 물을 때는 '星期几? '라고 표현합니다. '우리 무슨 요일에 ~하나요?'라고 표현할 때는 여러 동작을 나타내는 동사를 넣어 '我们星期几……? '로 표현합니다.

出发
chūfā

我们星期几出发?
Wǒmen xīngqī jǐ chūfā?
우리 무슨 요일에 출발하나요?

出差
chūchāi

我们星期几出差?
Wǒmen xīngqī jǐ chūchāi?
우리 무슨 요일에 출장 가나요?

回家
huí jiā

我们星期几回家?
Wǒmen xīngqī jǐ huí jiā?
우리 무슨 요일에 집에 가나요?

回国
huí guó

我们星期几回国?
Wǒmen xīngqī jǐ huí guó?
우리 무슨 요일에 귀국하나요?

**WORDS**

出发 chūfā 출발하다 ｜ 出差 chūchāi 출장 가다 ｜ 回 huí 돌아오다(가다) ｜ 家 jiā 집 ｜ 国 guó 나라, 국가

**4**

우리는 ▢▢▢ 요일에 ▢▢▢▢▢ 해요.

Wǒmen xīngqī ⋯ + ⋯ .

我们星期 ▢▢ ▢▢▢▢ 。

요일을 표현할 때는 '星期' 뒤에 차례로 숫자(一 ~ 六)를 넣어 표현합니다. 월요일은 '星期一', 화요일은 '星期二'입니다. 단, 일요일은 '星期天'이라고 하는 것에 주의합니다. '우리는 ~요일에 ~해요'라고 할 때 '我们星期⋯ + 동사술어。'라고 하면 됩니다.

星期一
xīngqī yī

我们星期一出发。
Wǒmen xīngqī yī chūfā.
우리는 월요일에 출발해요.

星期三
xīngqī sān

我们星期三出差。
Wǒmen xīngqī sān chūchāi.
우리는 수요일에 출장 가요.

星期六
xīngqī liù

我们星期六回家。
Wǒmen xīngqī liù huí jiā.
우리는 토요일에 집에 가요.

星期天
xīngqītiān

我们星期天回国。
Wǒmen xīngqītiān huí guó.
우리는 일요일에 귀국해요.

**WORDS**

星期 xīngqī 요일 | 星期一 xīngqī yī 월요일 | 星期二 xīngqī èr 화요일 | 星期天 xīngqītiān 일요일[일요일은 '星期日 xīngqīrì'라고도 함] | 星期三 xīngqī sān 수요일 | 星期六 xīngqī liù 토요일

🎧 10 - 06　한국어 해석 162쪽

**A** 我们什么时候去张家界?
Wǒmen shénme shíhou qù Zhāngjiājiè?

**B** 一月一号去。
Yī yuè yī hào qù.

**A** ① 听说张家界特别漂亮, 我很期待!
Tīngshuō Zhāngjiājiè tèbié piàoliang, wǒ hěn qīdài!

**B** 我②也很期待!
Wǒ yě hěn qīdài!

**A** 我们星期几回国?
Wǒmen xīngqī jǐ huí guó?

**B** 星期天回国。
Xīngqītiān huí guó.

① **표현 Tip** '听说(듣자하니 ~라고 한다)'는 문장 맨 앞에서 전해 들은 정보를 말할 때 사용해요.
② **어법 Tip** '也'는 '~도', '역시', '또한'의 의미를 나타내는 부사로, 보통 주어 바로 뒤, 동사 앞에 위치해요.

**WORDS**

听说 tīngshuō 듣자하니 ~라고 한다　|　漂亮 piàoliang 아름답다, 예쁘다　|　期待 qīdài 기대하다　|　也 yě ~도 역시, 또한

144

**1** 녹음을 듣고 빈칸에 들어갈 알맞은 단어를 고르세요.  10 - 07 정답 162쪽

 什么时候   星期几   三月十号   星期天

(1) A: 我们 ＿＿＿＿ 出发？

B: 我们星期一出发。

(2) A: 我们 ＿＿＿＿ 去宝峰湖？

B: 十二月二十五号去宝峰湖。

(3) A: 我们星期几回国？

B: 我们 ＿＿＿＿ 回国。

(4) A: 我们什么时候去天门山？

B: ＿＿＿＿ 去天门山。

**2** 주어진 중국어 표현을 알맞게 연결하여 대화를 완성하세요.

(1) 我们星期几回家？　　　　　　　　a 我也很期待！

(2) 听说张家界特别漂亮，我很期待！　　b 一月一号去。

(3) 我们什么时候去张家界？　　　　　　c 我们星期六回家。

**3** 다음을 올바르게 배열하여 문장을 완성하세요.

(1) 우리 수요일에 출장 가요.

出差 / 我们 / 星期三

→ ＿＿＿＿＿＿＿＿＿＿＿＿＿＿＿

(2) 우리 1월 1일에 위엔쟈제에 가요.

我们 / 袁家界 / 一月一号 / 去

→ ＿＿＿＿＿＿＿＿＿＿＿＿＿＿＿

## 중국의 명절 및 기념일

### 元旦
**Yuándàn**

위엔딴(원단)
[양력 1월 1일]

### 春节
**Chūnjié**

춘제(춘절)
[음력 1월 1일]

### 元宵节
**Yuánxiāo Jié**

위엔샤오제(정월대보름)
[음력 1월 15일]

### 妇女节
**Fùnǚ Jié**

부녀자의 날
[양력 3월 8일]

### 清明节
**Qīngmíng Jié**

칭밍제(청명절)
[양력 4월 4일 ~ 6일경]

### 劳动节
**Láodòng Jié**

노동절
[양력 5월 1일]

### 端午节
**Duānwǔ Jié**

돤우제(단오절)
[음력 5월 5일]

### 母亲节  **Mǔqīn Jié**
어머니의 날
[양력 5월 둘째 주 일요일]
### 父亲节  **Fùqīn Jié**
아버지의 날
[양력 6월 셋째 주 일요일]

### 中秋节
**Zhōngqiū Jié**

중치우제(중추절)
[음력 8월 15일]

### 教师节
**Jiàoshī Jié**

스승의 날
[양력 9월 10일]

### 国庆节
**Guóqìng Jié**

궈칭제(국경절)
[양력 10월 1일]

### 圣诞节
**Shèngdàn Jié**

성탄절
[양력 12월 25일]

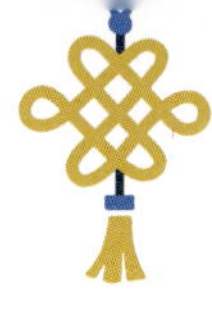

🎧 **10 - 09**

설날·추석·성탄절과 같은 기념일을 축하할 때 중국어로 어떻게 표현하면 좋을까요? 아주 간단합니다. 기념일 뒤에 '快乐 kuàilè'만 붙여 주면 됩니다. 누군가의 생일을 축하해 줄 때도 '生日 shēngrì' 뒤에 '快乐'만 붙여 주면 **'생일 축하해'**가 된답니다. 자주 사용할 수 있는 문장이니 잘 기억해 두었다가 적절하게 사용해 봅시다.

| | |
|---|---|
| 새해 복 많이 받으세요! | 春节快乐!　Chūnjié kuàilè! |
| 행복한 추석 보내세요! | 中秋节快乐!　Zhōngqiū Jié kuàilè! |
| 메리 크리스마스! | 圣诞节快乐!　Shèngdàn Jié kuàilè! |
| 생일 축하합니다! | 生日快乐!　Shēngrì kuàilè! |

**WORDS**

快乐 kuàilè 즐겁다, 유쾌하다　|　生日 shēngrì 생일

# 발음편 Ⅲ

## '一' 성조 변화  🎧 00 - 23

'一'는 원래 1성이지만, 서수나 단독으로 쓰이는 경우를 제외하고 1·2·3성 앞에서 4성으로 읽고,
4성 앞에서 2성으로 읽는다.

| 一 yī<br>(단독 또는 서수일 때) | yī 一 | dì yī 第一 | |
| --- | --- | --- | --- |
| 一 yì +1·2·3성 | yì tiān 一天 | yì nián 一年 | yìqǐ 一起 |
| 一 yí +4성 | yí kuài 一块 | yígòng 一共 | |

## '不' 성조 변화  🎧 00 - 24

'不'는 원래 4성이지만, 뒤에 4성으로 시작하는 단어가 오면 2성으로 바꿔 발음한다.

| 不 bù +1·2·3성 | bù chī 不吃 | bù lái 不来 | bù hǎo 不好 |
| --- | --- | --- | --- |
| 不 bú +4성 | bú là 不辣 | bú qù 不去 | |

## 🌀 3성 성조 변화  🎧 00 – 25

3성은 두 개가 나란히 쓰일 때, 앞의 3성은 2성으로 읽는다.

3성 + 3성　→　2성 + 3성

Nǐ hǎo　　　Ní hǎo

你 好　　　　你 好

3성은 다음과 같은 상황에서 반3성으로 발음한다. 반3성은 3성의 앞부분 절반만 발음하고 표기는 그대로 한다.

3성 + 1성 · 2성 · 4성 · 경성　→　반3성 + 1성 · 2성 · 4성 · 경성

hǎochī 好吃　　dǎoyóu 导游　　hǎokàn 好看　　nǐmen 你们

## 🌀 경성 복습  🎧 00 – 26

네 개의 성조 이외에 특별한 높낮이 없이 가볍고 짧게 툭 떨어트리면서 소리 내는 경성이 있으며, 경성은 별도의 표기가 없다.

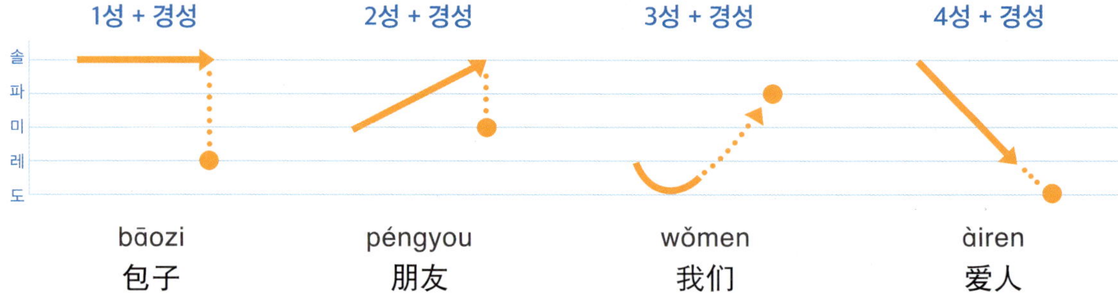

## 성조 변화 연습

**❶** '一'의 성조 변화에 유의하여 읽어 보세요.　00 – 27

| | | |
|---|---|---|
| (1) | dì yī 第一 | yī yuè 一月 |
| (2) | yì tiān 一天 | yì nián 一年 |
| (3) | yì běn 一本 | yìqǐ 一起 |
| (4) | yí kuài 一块 | yígòng 一共 |
| (5) | yíhuìr 一会儿 | yī hào 一号 |

**❷** '不'의 성조 변화에 유의하여 읽어 보세요.　00 – 28

| | | |
|---|---|---|
| (1) | bù chī 不吃 | bù lái 不来 |
| (2) | bù hǎo 不好 | bù xián 不咸 |
| (3) | bú là 不辣 | bú qù 不去 |
| (4) | bú rè 不热 | bú tài 不太 |
| (5) | bù suān 不酸 | bú shì 不是 |

**❸** 3성 성조 변화에 유의하여 읽어 보세요.　　　　　　🎧 00 – 29

| | | |
|---|---|---|
| (1) | nǐ hǎo 你好 | dǎrǎo 打扰 |
| (2) | měinǚ 美女 | lǎobǎn 老板 |
| (3) | hǎochī 好吃 | dǎoyóu 导游 |
| (4) | hǎokàn 好看 | nǐmen 你们 |
| (5) | xiǎoshí 小时 | nuǎnhuo 暖和 |

**❹** 경성에 유의하여 읽어 보세요.　　　　　　🎧 00 – 30

| | | |
|---|---|---|
| (1) | bāozi 包子 | duōshao 多少 |
| (2) | péngyou 朋友 | shénme 什么 |
| (3) | wǒmen 我们 | zǎoshang 早上 |
| (4) | àiren 爱人 | dìfang 地方 |
| (5) | jiǎozi 饺子 | piàoliang 漂亮 |

**1** 녹음을 듣고 성조 변화에 유의하여 '一'의 성조를 표시해 보세요.　🎧 00 – 31　[정답 162쪽]

(1) yī tiān

(2) dì yī

(3) yī nián

(4) yī běn

(5) yī kuài

(6) yī qǐ

**2** 녹음을 듣고 성조 변화에 유의하여 '不'의 성조를 표시해 보세요.　🎧 00 – 32

(1) bu xián

(2) bu lái

(3) bu hǎo

(4) bu là

(5) bu tài

(6) bu qù

**3** 녹음을 듣고 밑줄 친 3성 성조 변화가 <u>다른</u> 하나를 고르세요.　🎧 00 – 33

(1) a 果汁　　b 奶茶　　c 老板　　d 酒店

(2) a 午饭　　b 你好　　c 导游　　d 好吃

(3) a 美女　　b 好看　　c 北京　　d 打折

(4) a 暖和　　b 小时　　c 很好　　d 早饭

**4** 녹음을 듣고 밑줄 친 경성이 <u>다르게</u> 발음되는 것을 고르세요.　🎧 00 – 34

(1) a 包子　　b 我们　　c 多少　　d 冰的

(2) a 朋友　　b 什么　　c 便宜　　d 热的

(3) a 早上　　b 晚上　　c 时候　　d 你们

(4) a 爱人　　b 地方　　c 漂亮　　d 晚上

## 날짜  00 - 35

> **Tip** 중국어에서 연도(年)는 숫자를 하나씩 끊어서 읽어요. 월(月)과 일(日/号)은 앞에 숫자를 넣어주면 되는데, '日'는 글말에 '号'는 입말에 자주 쓰여요. 요일(星期)은 앞에 숫자(一~六)를 차례로 넣어주어 월요일~토요일을 표현해요. 일요일은 '星期天', '星期日' 둘 다 가능해요.
>
> 예) 2026년 10월 13일 월요일　**2026年 10月 13日 星期一**

**1987年**
yī jiǔ bā qī nián
1987년

**2025年**
èr líng èr wǔ nián
2025년

**1月 1号**
yī yuè yī hào
1월 1일

**3月 8号**
sān yuè bā hào
3월 8일

**8月 15号**
bā yuè shíwǔ hào
8월 15일

**9月 10号**
jiǔ yuè shí hào
9월 10일

**10月 1号**
shí yuè yī hào
10월 1일

**12月 25号**
shí'èr yuè èrshíwǔ hào
12월 25일

**星期一**
xīngqī yī
월요일

**星期三**
xīngqī sān
수요일

**星期六**
xīngqī liù
토요일

**星期天**
xīngqītiān
**星期日**
xīngqīrì
일요일

## 시간  00 - 36

**Tip** 시는 '点 diǎn', 분은 '分 fēn'으로 말해요. 분 단위로 '刻 kè'는 15분, '半 bàn'은 30분을 나타내요. '몇 분 전'은 '差 chà'를 사용해서 나타낼 수 있어요. 시각을 나타내는 '点' 앞에 '二' 대신 일반적으로 '两'을 써요.

예) 오전 9시 40분　**上午 9点 40分**

| | | | |
|---|---|---|---|
|  |  |  |  |
| **一点**<br>yī diǎn<br>1시 | **两点**<br>liǎng diǎn<br>2시 | **七点**<br>qī diǎn<br>7시 | **十点**<br>shí diǎn<br>10시 |
|  |  |  |  |
| **一点零五分**<br>yī diǎn líng wǔ fēn<br>1시 5분 | **一点十分**<br>yī diǎn shí fēn<br>1시 10분 | **一点十五分**<br>yī diǎn shíwǔ fēn<br>**一点一刻**<br>yī diǎn yí kè<br>1시 15분 | **一点二十分**<br>yī diǎn èrshí fēn<br>1시 20분 |
|  |  |  |  |
| **一点三十分**<br>yī diǎn sānshí fēn<br>**一点半**<br>yī diǎn bàn<br>1시 30분 | **一点四十五分**<br>yī diǎn sìshí wǔ fēn<br>1시 45분 | **一点五十分**<br>yī diǎn wǔshí fēn<br>**差十分两点**<br>chà shí fēn liǎng diǎn<br>1시 50분 | **一点五十五分**<br>yī diǎn wǔshí wǔ fēn<br>**差五分两点**<br>chà wǔ fēn liǎng diǎn<br>1시 55분 |

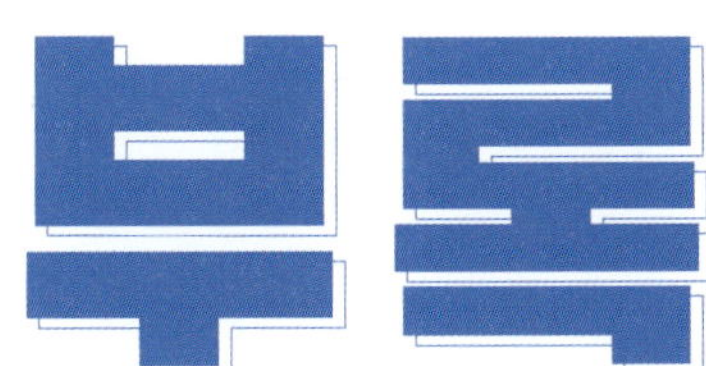

부록

## 발음편 I

### 발음 테스트 · 17쪽

**1** 🎧 00-08

(1) p　　　　　　(2) d
(3) j　　　　　　(4) zh
(5) s　　　　　　(6) r

**2** 🎧 00-09

(1) ai　　　　　(2) ou
(3) eng　　　　(4) ing
(5) uang　　　(6) üe

**3** 🎧 00-10

(1) bǎo　　(2) fàn　　(3) tián
(4) guì　　(5) hǎo　　(6) qián
(7) xián　　(8) zuò

**4** 🎧 00-11

(1) bāozi　　　　(2) piányi
(3) wǎnshang　　(4) piàoliang
(5) kāfēi　　　　(6) Hánguó
(7) nǎichá　　　(8) diànyǐng

---

## 1 机场 공항

### 대화해 볼까요? · 28쪽

🎧 01-06

🅐 안녕하세요! 저는 하하여행사의 유미려입니다.

🅑 안녕하세요! 저는 이소룡이라고 합니다.

🅒 가이드님, 안녕하세요! 저는 김대성이고, 여기는 제 집사람입니다.

🅓 안녕하세요! 저는 박수미예요. 잘 부탁드립니다!

---

### 연습해 볼까요? · 29쪽

**1** 🎧 01-07

(1) 你好!　　　　　(2) 我叫李小龙。
(3) 早上好!　　　　(4) 这是我朋友。

**2**

(1) a　　　　(2) c　　　　(3) b

**3**

(1) 我是导游。
(2) 她叫朴秀美。
(3) 请多多关照!

---

## 2 北京 베이징 Day1

### 대화해 볼까요? · 40쪽

🎧 02-06

🅐 우리 오늘 어디 가요?

🅑 오전에는 구공(고궁)에 가요.

🅐 오후에 우리는 어디 가나요?

🅑 오후에 우리는 왕푸징에 가요.

🅐 왕푸징 재미있나요?

🅑 굉장히 재밌어요.

---

### 연습해 볼까요? · 41쪽

**1** 🎧 02-07

(1) A: 我们今天去哪儿?
　　B: 上午去故宫。

(2) A: 王府井好玩儿吗?
　　B: 非常好玩儿。

## 2

(1) a          (2) c          (3) b

## 3

(1) 我去天安门广场。

(2) 我们明天去哪儿？ / 明天我们去哪儿？

(3) 挺好玩儿的。

---

### 3 北京 베이징 Day2

**대화해 볼까요?** 52쪽

🎧 03-06

Ⓐ 우리 저녁에 뭐 먹어요?

Ⓑ 저녁에 베이징 카오야 먹어요.

Ⓐ 베이징 카오야는 맵나요 (안 맵나요?)

Ⓑ 맵지 않아요. 아주 고소해요.

Ⓐ 우리 야식으로는 뭐 먹나요?

Ⓑ 야식으로는 자장미엔 먹어요.

**연습해 볼까요?** 53쪽

**1** 🎧 03-07

(1) A: 我们晚饭吃什么？
　　 B: 晚饭吃北京烤鸭。

(2) A: 北京烤鸭辣不辣？
　　 B: 不辣，很香。

## 2

(1) b          (2) c          (3) a

## 3

(1) 我吃糖葫芦。

(2) 我们早饭吃什么？ / 早饭我们吃什么？

(3) 太辣了。

---

### 4 西安 시안 Day1

**대화해 볼까요?** 64쪽

🎧 04-06

Ⓐ 가이드님, 우리 오늘 몇 군데 가나요?

Ⓑ 오늘 네 군데 가요.

Ⓐ 우리 어디 가나요?

Ⓑ 친스황 삥마용(병마용갱), 친스황링(진시황릉), 화칭츠(화청지) 그리고 성벽이요.

Ⓐ 오늘 양꼬치 먹나요?

Ⓑ 그럼요. 당신은 양꼬치 몇 개 드실 건가요?

Ⓐ 20개요.

**연습해 볼까요?** 65쪽

**1** 🎧 04-07

(1) A: 明天去几个地方？
　　 B: 去两个地方。

(2) A: 你吃几个饺子？
　　 B: 我吃二十个。

## 2

(1) b          (2) c          (3) a

## 3

(1) 你吃几个羊肉串？

(2) 我们去四个地方。

(3) 后天去几个地方？

**대화**해 볼까요?  76쪽

🎧 05-06

Ⓐ 사장님, 양꼬치 하나에 얼마예요?

Ⓑ 하나에 2위안이요.

Ⓐ 이 맥주는 얼마인가요?

Ⓑ 한 병에 10위안입니다.

Ⓐ 양꼬치 20개와 맥주 1병 주세요. 다해서 얼마예요?

Ⓑ 다해서 50(위안)입니다.

**연습**해 볼까요?  77쪽

**1** 🎧 05-07

(1) A: 打车费多少钱?
    B: 一百块。

(2) A: 您好!
    B: 老板，我要二十个羊肉串，一瓶啤酒。

**2**

(1) c          (2) b          (3) a

**3**

(1) 这碗面多少钱?

(2) 我要二十个羊肉串。

(3) 四听可乐多少钱?

발음편 II

**발음 테스트**  85쪽

**1** 🎧 00-19

(1) ④ ① ② ③

(2) ② ① ③ ④

(3) ① ④ ② ③

**2** 🎧 00-20

(1) lǚxíng          (2) yóutiáo

(3) wēixìn          (4) chūntiān

(5) měinǚ          (6) yángròu

**3** 🎧 00-21

(1) e          (2) d

(3) b          (4) c

(5) a



**대화**해 볼까요?  96쪽

🎧 06-06

Ⓐ (당신은) 어떤 커피를 드실 건가요?

Ⓑ 카페라테 마실게요.

Ⓐ 따뜻한 것으로 드릴까요?

Ⓑ 따뜻한 것으로 주세요.

Ⓐ 뭐 더 필요한 것 있으신가요?

Ⓑ 필요 없습니다. 감사합니다.

**연습**해 볼까요?  97쪽

**1** 🎧 06-07

(1) A: 你喝什么茶?
    B: 我喝红茶。

(2) A: 你要热的吗?
    B: 我要凉的。

**2**

(1) b          (2) c          (3) a

**3**

(1) 你喝什么果汁?

(2) 我要常温的。

(3) 你还要什么?

### 대화해 볼까요? 108쪽

🎧 07-06

Ⓐ 오늘 어디 가요?

Ⓑ 오늘 디즈니에 놀러 가요.

Ⓐ 당신은 가서 뭐 하고 놀아요?

Ⓑ 저는 가서 래프팅하고, 롤러코스터 타고 놀아요.

Ⓐ 오늘 저녁은 무엇을 먹으러 가나요?

Ⓑ 우리는 샤오롱바오를 먹으러 갑시다.

### 연습해 볼까요? 109쪽

**1** 🎧 07-07

(1) A: 今天去哪儿?
　　B: 上午去逛南京路。下午去看东方明珠。

(2) A: 今天晚上去吃什么?
　　B: 今天去吃生煎。

**2**

(1) b　　　　　(2) c　　　　　(3) a

**3**

(1) 明天去玩儿迪士尼。/ 明天去迪士尼玩儿。

(2) 我去逛豫园。

(3) 我们去看(大韩民国)临时政府旧址。

### **8** 杭州 항저우

### 대화해 볼까요? 120쪽

🎧 08-06

Ⓐ 우리는 무엇을 타고 항저우에 가나요?

Ⓑ 우리는 고속철도를 타고 가요.

Ⓐ 고속철도역은 어떻게 가나요?

Ⓑ 지하철을 타고 가요.

Ⓐ 항저우는 먼가요?

Ⓑ 멀지 않아요. 아주 가까워요.

### 연습해 볼까요? 121쪽

**1** 🎧 08-07

(1) A: 你坐什么去西安?
　　B: 我坐飞机去。

(2) A: 你怎么去超市?
　　B: 我骑自行车去。

**2**

(1) c　　　　　(2) b　　　　　(3) a

**3**

(1) 我坐公交车去。

(2) 你坐什么去北京?

(3) 你怎么去酒店?

### **9** 苏州 쑤저우

### 대화해 볼까요? 132쪽

🎧 09-06

Ⓐ 쑤저우 날씨는 어때요?

Ⓑ 봄은 비교적 따뜻하고, 여름은 대단히 더워요.

Ⓐ 쑤저우는 겨울에 눈이 오나요 (안 오나요)?

Ⓑ 겨울에는 일반적으로 눈이 오지 않아요.

Ⓐ 오늘 날씨는 어때요?

Ⓑ 오늘 약간 춥고, 초미세먼지가 있어요.

### 연습해 볼까요? 133쪽

**1** 🎧 09-07

(1) A: 春天天气怎么样?
　　B: 春天比较干。

(2) A: 夏天天气怎么样?
　　B: 夏天比较热。

(3) A: 秋天天气怎么样?
　　B: 秋天比较凉。

(4) A: 冬天天气怎么样?
　　B: 冬天比较冷。

**2**

(1) c　　　　　(2) b　　　　　(3) a

**3**

(1) 今天有没有雾霾?

(2) 今天不刮风。

---

## 10 张家界 장쟈제

### 대화해 볼까요?　144쪽

🎧 10-06

Ⓐ 우리는 언제 장쟈제에 가요?

Ⓑ 1월 1일에 (장쟈제에) 가요.

Ⓐ 듣자하니 장쟈제가 특히 아름답다는데, 매우 기대돼요!

Ⓑ 저도 매우 기대돼요!

Ⓐ 우리 무슨 요일에 귀국해요?

Ⓑ 일요일에 귀국해요.

### 연습해 볼까요?　145쪽

**1** 🎧 10-07

(1) A: 我们星期几出发?
　　B: 我们星期一出发。

(2) A: 我们什么时候去宝峰湖?
　　B: 十二月二十五号去宝峰湖。

(3) A: 我们星期几回国?
　　B: 我们星期天回国。

(4) A: 我们什么时候去天门山?
　　B: 三月十号去天门山。

**2**

(1) c　　　　　(2) a　　　　　(3) b

**3**

(1) 我们星期三出差。/ 星期三我们出差。

(2) 我们一月一号去袁家界。/ 一月一号我们去袁家界。

---

## 발음편 III

### 발음 테스트　153쪽

**1** 🎧 00-31

(1) yì tiān　　　　　(2) dì yī

(3) yì nián　　　　　(4) yì běn

(5) yí kuài　　　　　(6) yìqǐ

**2** 🎧 00-32

(1) bù xián　　　　　(2) bù lái

(3) bù hǎo　　　　　(4) bú là

(5) bú tài　　　　　(6) bú qù

**3** 🎧 00-33

(1) c. 老板(3성+3성)

(2) b. 你好(3성+3성)

(3) a. 美女(3성+3성)

(4) c. 很好(3성+3성)

**4** 🎧 00-34

(1) b. 我们(3성+경성)

(2) d. 热的(4성+경성)

(3) c. 时候(2성+경성)

(4) d. 晚上(3성+경성)

* 복습이 필요한 단어는 중복하여 표기했습니다.
* 좌측 파란색 숫자는 주요 단어, 회색 숫자는 보충 단어를 의미합니다.

단어장 MP3

### 1 机场 공항  🎧 11 - 01

| | | | |
|---|---|---|---|
| 1 | 爱人 | àiren | 아내 (또는 남편) |
| 2 | 便利店 | biànlìdiàn | 편의점 |
| 3 | 充电 | chōngdiàn | 충전(하다) |
| 4 | 出示 | chūshì | 제시하다 |
| 5 | 导游 | dǎoyóu | 가이드, 관광 안내원 |
| 6 | 的 | de | ～의 |
| 7 | 登机口 | dēngjīkǒu | 탑승게이트 |
| 8 | 多 | duō | 많다 |
| 9 | 服务中心 | fúwù zhōngxīn | 고객센터 |
| 10 | 关照 | guānzhào | 돌보다 |
| 11 | 哈哈 | hāhā | 하하[웃는 소리를 나타내는 의성어] |
| 12 | 韩国人 | Hánguórén | 한국인 |
| 13 | 好 | hǎo | 좋다 |
| 14 | 换钱 | huànqián | 환전(하다) |
| 15 | 机场 | jīchǎng | 공항 |
| 16 | 机场安全检查 | jīchǎng ānquán jiǎnchá | 공항 안전 검사 |
| 17 | 寄存 | jìcún | 보관(하다) |
| 18 | 叫 | jiào | (이름을) ～라고 하다(부르다) |
| 19 | 旅行社 | lǚxíngshè | 여행사 |
| 20 | 漫游 | mànyóu | 로밍 |
| 21 | 免税店 | miǎnshuìdiàn | 면세점 |
| 22 | 免税品提货点 | miǎnshuìpǐn tíhuòdiǎn | 면세품 인도장 |
| 23 | 你 | nǐ | 너 |
| 24 | 你们 | nǐmen | 너희들, 당신들 |
| 25 | 您 | nín | 당신['你'를 높여 부르는 말] |
| 26 | 朋友 | péngyou | 친구 |
| 27 | 请 | qǐng | 부탁하다, 요청하다 |
| 28 | 上午 | shàngwǔ | 오전 |

| 29 | 是 | shì | ~이다 |
| 30 | 手机漫游 | shǒujī mànyóu | 휴대폰 로밍 |
| 31 | 他 | tā | 그, 그 사람 |
| 32 | 她 | tā | 그녀, 그 여자 |
| 33 | 退税 | tuìshuì | 텍스프리 |
| 34 | 晚上 | wǎnshang | 저녁 |
| 35 | 我 | wǒ | 나, 저 |
| 36 | 洗手间 | xǐshǒujiān | 화장실 |
| 37 | 下午 | xiàwǔ | 오후 |
| 38 | 药店 | yàodiàn | 약국 |
| 39 | 早上 | zǎoshang | 아침 |
| 40 | 这 | zhè | 이, 이것, 이분 |
| 41 | 证件 | zhèngjiàn | 신분증 |
| 42 | 指教 | zhǐjiào | 가르치다 |
| 43 | 自动取款机 | zìdòng qǔkuǎnjī | 자동입출금기(ATM) |
| 44 | 自助值机 | zìzhù zhíjī | 셀프 체크인 (기계) |
| 45 | 租车 | zūchē | 렌터카 |
| 46 | 租赁 | zūlìn | 대여 |

## 2 北京 베이징 Day1  🎧 11 - 02

| 1 | 北京 | Běijīng | 베이징 |
| 2 | 不好意思 | bù hǎoyìsi | 미안합니다 |
| 3 | 长城 | Chángchéng | 창청(만리장성) |
| 4 | 出租车 | chūzūchē | 택시 |
| 5 | 船 | chuán | 배 |
| 6 | 打扰 | dǎrǎo | 실례합니다 |
| 7 | 地铁 | dìtiě | 지하철 |
| 8 | 电梯 | diàntī | 엘리베이터 |
| 9 | 对不起 | duìbuqǐ | 죄송합니다 |
| 10 | 非常 | fēicháng | 매우, 대단히 |
| 11 | 飞机 | fēijī | 비행기 |

| 12 | 扶梯 | fútī | 에스컬레이터 |
|---|---|---|---|
| 13 | 高铁(高速铁路) | gāotiě (gāosù tiělù) | 고속철도 |
| 14 | 公交车 | gōngjiāochē | 버스 |
| 15 | 故宫 | Gùgōng | 구공(고궁) |
| 16 | 好吃 | hǎochī | (고체류가) 맛있다 |
| 17 | 好喝 | hǎohē | (액체류가) 맛있다 |
| 18 | 好看 | hǎokàn | (보기가) 재미있다 |
| 19 | 好玩儿 | hǎowánr | (놀기가) 재미있다 |
| 20 | 很 | hěn | 매우 |
| 21 | 火车 | huǒchē | 기차 |
| 22 | 机场大巴 | jīchǎng dàbā | 공항버스 |
| 23 | 今天 | jīntiān | 오늘 |
| 24 | 吗 | ma | 의문을 나타내는 어기조사 |
| 25 | 美女 | měinǚ | 미녀[젊은 여성 부를 때 쓰임] |
| 26 | 明天 | míngtiān | 내일 |
| 27 | 摩托车 | mótuōchē | 오토바이 |
| 28 | 哪儿 | nǎr | 어디, 어느 곳 |
| 29 | 去 | qù | 가다 |
| 30 | 帅哥 | shuàigē | 미남[젊은 남성 부를 때 쓰임] |
| 31 | 特别 | tèbié | 특별히, 굉장히 |
| 32 | 天安门广场 | Tiān'ānmén Guǎngchǎng | 톈안먼 광창(천안문 광장) |
| 33 | 挺……(的) | tǐng … (de) | 꽤, 아주 |
| 34 | 王府井 | Wángfǔjǐng | 왕푸징[한국의 명동 같은 곳으로, 다양한 먹거리가 있는 곳] |
| 35 | 我们 | wǒmen | 우리(들) |
| 36 | 一下 | yíxià | 한번 ～해 보다 |
| 37 | 颐和园 | Yíhéyuán | 이허위엔(이화원) |
| 38 | 自行车 | zìxíngchē | 자전거 |

## 3 北京 베이징 Day2  🎧 11 - 03

| 1 | 饱 | bǎo | 배부르다 |
|---|---|---|---|
| 2 | 北京烤鸭 | Běijīng kǎoyā | 베이징 카오야(북경 오리구이) |

| 3 | 不 | bù | 아니다[부정부사] |
| 4 | 炒 | chǎo | 볶다 |
| 5 | 吃 | chī | 먹다 |
| 6 | 川菜 | Chuāncài | 쓰촨(사천) 요리 |
| 7 | 点儿 | diǎnr | 약간, 조금 |
| 8 | 古北水镇 | Gǔběi shuǐzhèn | 구베이 쉐이쩐(고북수진) |
| 9 | 后海 | Hòuhǎi | 허우하이(후해) |
| 10 | 煎 | jiān | 부치다 |
| 11 | 京菜 | Jīngcài | 베이징(북경) 요리 |
| 12 | 开动 | kāidòng | 식사하다 |
| 13 | 烤 | kǎo | 굽다 |
| 14 | 辣 | là | 맵다 |
| 15 | 了 | le | 변화, 새로운 상황의 출현을 나타내는 어기조사 |
| 16 | 熘 | liū | 볶다[마지막 단계에서 전분을 추가해 마무리 함] |
| 17 | 鲁菜 | Lǔcài | 산동 요리 |
| 18 | 前门 | Qiánmén | 첸먼(전문) |
| 19 | 什么 | shénme | 무엇, 무슨 |
| 20 | 涮 | shuàn | 샤브샤브하다 |
| 21 | 酸 | suān | 시다 |
| 22 | 太……了 | tài … le | 너무 ~하다 |
| 23 | 糖葫芦 | tánghúlu | 탕후루 |
| 24 | 甜 | tián | 달다 |
| 25 | 晚饭 | wǎnfàn | 저녁(밥) |
| 26 | 王府井 | Wángfǔjǐng | 왕푸징 |
| 27 | 午饭 | wǔfàn | 점심(밥) |
| 28 | 咸 | xián | 짜다 |
| 29 | 香 | xiāng | (음식이) 맛있다, 고소하다 |
| 30 | 夜宵 | yèxiāo | 야식 |
| 31 | 油条 | yóutiáo | 여우티아오[기름에 튀긴 꽈배기 모양의 밀가루 반죽] |
| 32 | 有点儿 | yǒudiǎnr | 조금, 약간 |
| 33 | 粤菜 | Yuècài | 광동 요리 |
| 34 | 早饭 | zǎofàn | 아침(밥) |

| 35 | 炸 | zhá | 튀기다 |
| 36 | 炸酱面 | zhájiàngmiàn | 자장미엔 |
| 37 | 蒸 | zhēng | 찌다 |
| 38 | 煮 | zhǔ | 삶다 |

## 4 西安 시안 Day1 🎧 11 - 04

| 1 | 八 | bā | 8, 여덟 |
| 2 | 白天 | báitiān | 낮 |
| 3 | 包子 | bāozi | 빠오즈[각종 소가 든 만두] |
| 4 | 城墙 | Chéngqiáng | 성벽 |
| 5 | 当然 | dāngrán | 당연하다 |
| 6 | 地方 | dìfang | 곳 |
| 7 | 二 | èr | 2, 둘 |
| 8 | 二十 | èrshí | 20, 스물 |
| 9 | 二十四 | èrshísì | 24, 스물넷 |
| 10 | 付 | fù | 지불하다 |
| 11 | 个 | ge | 개[사람·사물을 세는 가장 기본적인 양사] |
| 12 | 和 | hé | ～와(과) |
| 13 | 后天 | hòutiān | 모레 |
| 14 | 华清池 | Huáqīngchí | 화칭츠(화청지) |
| 15 | 几 | jǐ | 몇 |
| 16 | 饺子 | jiǎozi | 쟈오즈, 교자 |
| 17 | 九 | jiǔ | 9, 아홉 |
| 18 | 可以 | kěyǐ | ～할 수 있다 |
| 19 | 两 | liǎng | 2, 둘 |
| 20 | 零 | líng | 0, 영 |
| 21 | 六 | liù | 6, 여섯 |
| 22 | 七 | qī | 7, 일곱 |
| 23 | 秦始皇兵马俑 | Qínshǐhuáng Bīngmǎyǒng | 친스황 삥마용(병마용갱) |
| 24 | 秦始皇陵 | Qínshǐhuánglíng | 친스황링(진시황릉) |
| 25 | 肉夹馍 | ròujiāmó | 러우쟈뭐[시안의 대표 간식으로 빵 안에 야채와 고기가 있음] |

| 26 | 三 | sān | 3, 셋 |
| 27 | 三十 | sānshí | 30, 서른 |
| 28 | 十 | shí | 10, 열 |
| 29 | 十一 | shíyī | 11, 열하나 |
| 30 | 十二 | shí'èr | 12, 열둘 |
| 31 | 十三 | shísān | 13, 열셋 |
| 32 | 刷 | shuā | (카드 등을) 긁다 |
| 33 | 四 | sì | 4, 넷 |
| 34 | 四十 | sìshí | 40, 마흔 |
| 35 | 微信 | Wēixìn | 웨이신(위챗) |
| 36 | 五 | wǔ | 5, 다섯 |
| 37 | 五十 | wǔshí | 50, 쉰 |
| 38 | 西安 | Xī'ān | 시안 |
| 39 | 现金 | xiànjīn | 현금 |
| 40 | 信用卡 | xìnyòngkǎ | 신용카드 |
| 41 | 羊肉串 | yángròuchuàn | 양꼬치 |
| 42 | 一 | yī | 1, 하나 |
| 43 | 一百 | yìbǎi | 100, 백 |
| 44 | 一千 | yìqiān | 1,000, 천 |
| 45 | 一万 | yíwàn | 10,000, 만 |
| 46 | 支付宝 | Zhīfùbǎo | 즈푸바오(알리페이) |

## 5 西安 시안 Day2　🎧 11 - 05

| 1 | 八十八 | bāshíbā | 88, 팔십팔 |
| 2 | 吧 | ba | 청유, 권유를 나타내는 어기조사 |
| 3 | 碑林 | Bēilín | 베이린(비림) |
| 4 | 车票 | chēpiào | 승차권, 차표 |
| 5 | 打车 | dǎchē | 택시를 타다 |
| 6 | 打折 | dǎzhé | 할인하다 |
| 7 | 大雁塔 | Dàyàn Tǎ | 따옌타(대안탑) |
| 8 | 多少 | duōshao | 얼마[10 이상의 수량을 물을 때 쓰임] |

| 9 | 费 | fèi | 비용 |
|---|---|---|---|
| 10 | 贵 | guì | 비싸다 |
| 11 | 韩币 | Hánbì | 원화 |
| 12 | 回民街 | Huímín Jiē | 후이민제(회족 거리) |
| 13 | 角 | jiǎo | 쟈오[중국의 화폐 단위 중 하나로, '元'의 1/10] |
| 14 | 可乐 | kělè | 콜라 |
| 15 | 块 | kuài | 콰이[중국의 화폐 단위 중 하나로, '元'의 회화체 표현] |
| 16 | 老板 | lǎobǎn | 사장 |
| 17 | 两百 | liǎngbǎi | 200, 이백 |
| 18 | 毛 | máo | 마오[중국의 화폐 단위 중 하나로, '角'의 회화체 표현] |
| 19 | 美元 | Měiyuán | 달러 |
| 20 | 门票 | ménpiào | 입장권 |
| 21 | 面 | miàn | 국수, 면 |
| 22 | 那 | nà | 저(것), 그(것) |
| 23 | 欧元 | Ōuyuán | 유로 |
| 24 | 啤酒 | píjiǔ | 맥주 |
| 25 | 便宜 | piányi | 싸다 |
| 26 | 瓶 | píng | 병[병에 담긴 액체를 세는 양사] |
| 27 | 钱 | qián | 돈, 화폐 |
| 28 | 人民币 | Rénmínbì | 인민폐 |
| 29 | 台币 | Táibì | 대만돈 |
| 30 | 听 | tīng | 캔, 통[캔 따위를 세는 양사] |
| 31 | 碗 | wǎn | 그릇, 대접[그릇이나 공기를 셀 때 쓰는 양사] |
| 32 | 五十 | wǔshí | 50, 쉰 |
| 33 | 要 | yào | 1, 하나 |
| 34 | 一百 | yìbǎi | 100, 백 |
| 35 | 一共 | yígòng | 모두, 다해서 |
| 36 | 元 | yuán | 위안[중국의 화폐 단위] |
| 37 | 这 | zhè | 이(것) |
| 38 | 钟楼·鼓楼 | Zhōnglóu·Gǔlóu | 종러우·구러우(종루·고루) |
| 39 | 住宿 | zhùsù | 숙박하다 |

| | | | |
|---|---|---|---|
| 1 | 冰 | bīng | 차다 |
| 2 | 不……了 | bù … le | (이제는) ~아니다, 않다 |
| 3 | 茶 | chá | 차 |
| 4 | 常温 | chángwēn | 상온 |
| 5 | 打包 | dǎbāo | 포장하다 |
| 6 | 带 | dài | 지니다, 가지다 |
| 7 | 的 | de | ~한 것 |
| 8 | 东方明珠 | Dōngfāng Míngzhū | 동팡밍주(동방명주) |
| 9 | 豆奶 | dòunǎi | 두유 |
| 10 | 果汁 | guǒzhī | 과일 주스 |
| 11 | 还 | hái | 또, 더 |
| 12 | 喝 | hē | 마시다 |
| 13 | 红茶 | hóngchá | 홍차 |
| 14 | 咖啡 | kāfēi | 커피 |
| 15 | 卡布奇诺 | kǎbùqínuò | 카푸치노 |
| 16 | 矿泉水 | kuàngquánshuǐ | 생수 |
| 17 | 凉 | liáng | 시원하다 |
| 18 | 绿茶 | lǜchá | 녹차 |
| 19 | 芒果汁 | mángguǒzhī | 망고 주스 |
| 20 | 美式咖啡 | Měishì kāfēi | 아메리카노 |
| 21 | 摩卡 | mókǎ | 모카 |
| 22 | 拿铁 | nátiě | 카페라테 |
| 23 | 南京路 | Nánjīng Lù | 난징루(난징 로드) |
| 24 | 牛奶 | niúnǎi | 우유 |
| 25 | 普洱茶 | pǔ'ěrchá | 보이차 |
| 26 | 汽水 | qìshuǐ | 탄산음료 |
| 27 | 热 | rè | 뜨겁다, 따뜻하다 |
| 28 | 上海 | Shànghǎi | 상하이 |
| 29 | 酸梅汤 | suānméitāng | 쑤안메이탕 |
| 30 | 酸奶 | suānnǎi | 요구르트 |
| 31 | 外滩 | Wàitān | 와이탄 |

| 32 | 香草拿铁 | xiāngcǎo nátiě | 바닐라 라테 |
| 33 | 谢谢 | xièxie | 감사합니다, 고맙습니다 |
| 34 | 雪碧 | Xuěbì | 스프라이트[사이다와 비슷한 음료명] |
| 35 | 要 | yào | 원하다, 필요하다 |
| 36 | 豫园 | Yùyuán | 위위엔(예원) |
| 37 | 在 | zài | ~에, ~에서 |
| 38 | 珍珠奶茶 | zhēnzhū nǎichá | 버블 밀크티 |
| 39 | 这儿 | zhèr | 여기 |
| 40 | 走 | zǒu | 가다, 떠나다 |

## 7 上海 상하이 Day2  🎧 11 - 07

| 1 | 吧 | ba | 문장 끝에서 제안·권유·추측의 뜻을 나타냄 |
| 2 | 白酒 | báijiǔ | 바이주(백주) |
| 3 | 迪士尼 | Díshìní | 디즈니(랜드) |
| 4 | 东方明珠 | Dōngfāng Míngzhū | 동팡밍주(동방명주) |
| 5 | 二锅头 | Èrguōtóu | 얼궈터우(이과두주) |
| 6 | 干杯 | gānbēi | 건배, 잔을 비우다 |
| 7 | 高粱酒 | gāoliangjiǔ | 고량주 |
| 8 | 逛 | guàng | 구경하다, 한가롭게 거닐다 |
| 9 | 过山车 | guòshānchē | 롤러코스터 |
| 10 | 红酒 | hóngjiǔ | 와인 |
| 11 | 黄酒 | huángjiǔ | 황주 |
| 12 | 健康 | jiànkāng | 건강 |
| 13 | 看 | kàn | 보다 |
| 14 | 临时政府旧址 | Línshí Zhèngfǔ Jiùzhǐ | (대한민국) 임시정부청사 유적지 |
| 15 | 鲁迅公园 | Lǔxùn Gōngyuán | 루쉰 꽁위엔(노신 공원) |
| 16 | 麻辣龙虾 | málà lóngxiā | 마라롱샤[중국 향신료가 들어간 매콤한 민물가재 요리] |
| 17 | 茅台酒 | Máotáijiǔ | 마오타이주 |
| 18 | 米酒 | mǐjiǔ | 막걸리 |
| 19 | 南京路 | Nánjīng Lù | 난징루(난징 로드) |

| 20 | 牛轧糖 | niúzhátáng | 뉴자탕(누가 사탕)[쫀득한 우유맛 사탕, niúgátáng이라고도 함] |
| 21 | 女儿红 | Nǚ'érhóng | 뉘얼훙(여아홍주) |
| 22 | 漂流 | piāoliú | 래프팅 |
| 23 | 生煎 | shēngjiān | 성젠[중국식 만두, 바닥은 노릇하게 구워서 바삭하고, 윗부분은 찌듯이 익혀서 촉촉한 만두] |
| 24 | 水井坊 | Shuǐjǐngfáng | 쉐이징팡(수정방) |
| 25 | 田子坊 | Tiánzǐfāng | 톈즈팡(상하이 예술거리) |
| 26 | 外滩 | Wàitān | 와이탄 |
| 27 | 为 | wèi | ~을(를) 위하여 |
| 28 | 五粮液 | Wǔliángyè | 우량예(오량액) |
| 29 | 小笼包 | xiǎolóngbāo | 샤오롱바오[중국식 만두, 다진 고기를 소맥분의 껍질로 싸서 찜통에 찐 딤섬] |
| 30 | 新天地 | Xīn Tiāndì | 신톈디 |
| 31 | 旋转木马 | xuánzhuǎn mùmǎ | 회전목마 |
| 32 | 烟台高粱酒 | Yāntái gāoliangjiǔ | 옌타이(연태) 고량주 |
| 33 | 友谊 | yǒuyì | 우정 |
| 34 | 豫园 | Yùyuán | 위위엔(예원) |

## 8 杭州 항저우 🎧 11 - 08

| 1 | 长途汽车 | chángtú qìchē | 고속버스 |
| 2 | 超市 | chāoshì | 마트 |
| 3 | 城隍阁 | Chénghuánggé | 청황거(성황각) |
| 4 | 出租车 | chūzūchē | 택시 |
| 5 | 地铁 | dìtiě | 지하철 |
| 6 | 飞机 | fēijī | 비행기 |
| 7 | 高铁(高速铁路) | gāotiě(gāosù tiělù) | 고속철도 |
| 8 | 公交车 | gōngjiāochē | 버스 |
| 9 | 杭州 | Hángzhōu | 항저우 |
| 10 | 号线 | hào xiàn | 호선 |
| 11 | 换乘 | huànchéng | 환승(하다) |
| 12 | 火车 | huǒchē | 기차 |
| 13 | 机场 | jīchǎng | 공항 |

| 14 | 近 | jìn | 가깝다 |
| 15 | 酒店 | jiǔdiàn | 호텔 |
| 16 | 缆车 | lǎnchē | 케이블카 |
| 17 | 雷峰塔 | Léifēng Tǎ | 레이펑타(뇌봉탑) |
| 18 | 码头 | mǎtóu | 부두 |
| 19 | 骑 | qí | (자전거·말·오토바이 등을) 타다 |
| 20 | 上 | shàng | 위, 하늘[비유] |
| 21 | 市场 | shìchǎng | 시장 |
| 22 | 宋城 | Sòngchéng | 송청(송성) |
| 23 | 苏州 | Sūzhōu | 쑤저우 |
| 24 | 苏杭(苏州·杭州) | Sū Háng(Sūzhōu·Hángzhōu) | 쑤저우와 항저우 |
| 25 | 天堂 | tiāntáng | 천당 |
| 26 | 西湖 | Xī Hú | 시호(서호) |
| 27 | 下 | xià | 아래, 땅[비유] |
| 28 | 游船 | yóuchuán | 유람선 |
| 29 | 有 | yǒu | 있다 |
| 30 | 远 | yuǎn | 멀다 |
| 31 | 怎么 | zěnme | 어떻게 |
| 32 | 站 | zhàn | 역 |
| 33 | 自行车 | zìxíngchē | 자전거 |
| 34 | 坐 | zuò | (자동차·버스·배·비행기 등을) 타다, 앉다 |

## 9 苏州 쑤저우 🎧 11 – 09

| 1 | 暴雨 | bàoyǔ | 폭우 |
| 2 | 比较 | bǐjiào | 비교적 |
| 3 | 冰雹 | bīngbáo | 우박 |
| 4 | 彩虹 | cǎihóng | 무지개 |
| 5 | 春天 | chūntiān | 봄 |
| 6 | 大雾 | dàwù | (짙은) 안개 |
| 7 | 冬天 | dōngtiān | 겨울 |
| 8 | 多云 | duōyún | 구름이 많은 날 |

| 9 | 分明 | fēnmíng | 분명하다 |
| 10 | 风 | fēng | 바람 |
| 11 | 干 | gān | 건조하다 |
| 12 | 刮 | guā | 불다 |
| 13 | 火炉 | huǒlú | 화로 |
| 14 | 金鸡湖 | Jīnjī Hú | 진지후(금계호) |
| 15 | 雷阵雨 | léizhènyǔ | 소나기 |
| 16 | 冷 | lěng | 춥다 |
| 17 | 凉 | liáng | 서늘하다 |
| 18 | 灵山大佛 | Língshān Dàfó | 링산다포(영산대불) |
| 19 | 没有 | méiyǒu | 없다 |
| 20 | 暖和 | nuǎnhuo | 따뜻하다 |
| 21 | 晴天 | qíngtiān | 맑은 날 |
| 22 | 秋天 | qiūtiān | 가을 |
| 23 | 热 | rè | 덥다 |
| 24 | 如 | rú | ～와(과) 같다 |
| 25 | 沙尘暴 | shāchénbào | 황사 |
| 26 | 山塘街 | Shāntáng Jiē | 산탕제(산탕 거리) |
| 27 | 霜 | shuāng | 서리 |
| 28 | 四季 | sìjì | 사계절 |
| 29 | 苏州 | Sūzhōu | 쑤저우 |
| 30 | 台风 | táifēng | 태풍 |
| 31 | 天气 | tiānqì | 날씨 |
| 32 | 雾霾 | wùmái | 스모그, 초미세먼지 |
| 33 | 下 | xià | (비·눈 등이) 오다, 내리다 |
| 34 | 夏天 | xiàtiān | 여름 |
| 35 | 小雨 | xiǎoyǔ | 가랑비 |
| 36 | 雪 | xuě | 눈 |
| 37 | 一般 | yìbān | 보통이다, 일반적이다 |
| 38 | 阴天 | yīntiān | 흐린 날 |
| 39 | 有 | yǒu | 있다 |
| 40 | 雨 | yǔ | 비 |

| 41 | 怎么样 | zěnmeyàng | 어떠한가 |
| 42 | 拙政园 | Zhuōzhèngyuán | 쭤정위엔(졸정원) |

## 10 张家界 장쟈졔 🎧 11 - 10

| 1 | 八 | bā | 8, 여덟 |
| 2 | 宝峰湖 | Bǎofēng Hú | 바오펑후(보봉호) |
| 3 | 出差 | chūchāi | 출장 가다 |
| 4 | 出发 | chūfā | 출발하다 |
| 5 | 春节 | Chūnjié | 춘제(춘절)[음력 1월 1일] |
| 6 | 端午节 | Duānwǔ Jié | 돤우제(단오절)[음력 5월 5일] |
| 7 | 二十五 | èrshíwǔ | 25, 스물 다섯 |
| 8 | 妇女节 | Fùnǚ Jié | 부녀자의 날[양력 3월 8일] |
| 9 | 父亲节 | Fùqīn Jié | 아버지의 날[양력 6월 셋째 주 일요일] |
| 10 | 国 | guó | 나라, 국가 |
| 11 | 国庆节 | Guóqìng Jié | 궈칭제(국경절)[양력 10월 1일] |
| 12 | 号 | hào | 일, 날[입말에서 자주 쓰임] |
| 13 | 黄龙洞窟 | Huánglóng Dòngkū | 황룽 동쿠(황룡 동굴) |
| 14 | 回 | huí | 돌아오다(가다) |
| 15 | 家 | jiā | 집 |
| 16 | 教师节 | Jiàoshī Jié | 스승의 날[양력 9월 10일] |
| 17 | 快乐 | kuàilè | 즐겁다, 유쾌하다 |
| 18 | 劳动节 | Láodòng Jié | 노동절[양력 5월 1일] |
| 19 | 母亲节 | Mǔqīn Jié | 어머니의 날[양력 5월 둘째 주 일요일] |
| 20 | 漂亮 | piàoliang | 아름답다, 예쁘다 |
| 21 | 期待 | qīdài | 기대하다 |
| 22 | 清明节 | Qīngmíng Jié | 칭밍제(청명절)[양력 4월 4일~6일경] |
| 23 | 日 | rì | 일[글말에서 자주 쓰임] |
| 24 | 生日 | shēngrì | 생일 |
| 25 | 圣诞节 | Shèngdàn Jié | 성탄절[양력 12월 25일] |
| 26 | 时候 | shíhou | 때, 시간 |
| 27 | 天门山 | Tiānmén Shān | 톈먼산(천문산) |

| 28 | 听说 | tīngshuō | 듣자하니 ~라고 한다 |
| 29 | 星期 | xīngqī | 요일 |
| 30 | 星期二 | xīngqī èr | 화요일 |
| 31 | 星期六 | xīngqī liù | 토요일 |
| 32 | 星期三 | xīngqī sān | 수요일 |
| 33 | 星期一 | xīngqī yī | 월요일 |
| 34 | 星期日 | xīngqīrì | 일요일 |
| 35 | 星期天 | xīngqītiān | 일요일 |
| 36 | 也 | yě | ~도, 역시, 또한 |
| 37 | 元旦 | Yuándàn | 위엔딴(원단)[양력 1월 1일] |
| 38 | 元宵节 | Yuánxiāo Jié | 위엔샤오제(정월대보름)[음력 1월 15일] |
| 39 | 袁家界 | Yuánjiājiè | 위엔쟈제(원가계) |
| 40 | 月 | yuè | 월 |
| 41 | 张家界 | Zhāngjiājiè | 장쟈제(장가계) |
| 42 | 中秋节 | Zhōngqiū Jié | 중치우제(중추절)[음력 8월 15일] |